人は死んだらどうなるのか

死を学べば生き方が変わる

加藤直哉

三和書籍

はじめに

　私は物心ついたときから、さまざまな「死」を体験してきました。小学生の時、急性白血病で亡くなった叔母。中学の時、お世話になった小学校の担任の先生。大学の時、気管支喘息大発作で亡くなった中学からの親友。研修医の時、胃がんにより亡くなった叔父。そして大好きだった祖父母。特に、祖父は、誰も望んでいなかった胃ろうにより3年間、寝たきりのまま、生かされるというつらい最期を迎えさせてしまいました。

　医師になってからは、さらに多くの死や苦しみを体験してきました。

　小児科勤務中には、脳腫瘍や事故で幼くして命を失う子供、生まれてすぐ命を失う乳児、障害児を抱えて苦悩する家族などの「悲しみ」「苦しみ」と向き合いました。

　介護療養型医療施設勤務中には、老いていく苦しみを抱え死にたいと願う人、死を拒絶した医療により、食べることもしゃべることも動くこともできないまま生かされている人、気管切開や胃ろうなどの延命治療を行った事を後悔している家族など、小児科とは全く違った「命」、そして「死」に遭遇しました。

　そして、現在、癌患者さんたちの集うクリニックで、10代から80代までの幅広い年齢層の「死の不安」を抱えた人たちと向き合っています。

そう、私は医者として約20年、0歳から100歳までのさまざまな「命」、そして「死」と共に「時」を過ごしてきました。

その「時」の中には、多くの苦しみ、悲しみがあふれていました。そしてそこから出る問いは、非常に難しいものでした。

2人の幼子と妻を残して、余命3か月と宣告された癌患者に、こう問われました。

「先生、なぜ私なのでしょうか。これから、家族で幸せになるときに、なぜ私がこんな小さな子供たちと妻を残して癌で死ななければならないのでしょうか。先生、死ぬのが怖いです。助けてください。助けてください。」

4歳と2歳の子供を残して迎えようとしている死、同じ子供を持つ親として、彼の無念さを思い、診察室で共に涙しました。

交通事故で、脳の活動が停止した子供を持つ家族からは、こう尋ねられました。

「なぜ、みんなに愛されているこの子が死ななければならないのですか？　なぜ、この子なのでしょうか？」

ショッピングモールの駐車場。兄を追いかけて飛び出したことが原因でした。ベッドで横たわる姿は、ただ、眠っているだけのように見えます。今にも「おはよう、ママ」と笑顔で起きてきそうです。しかし、彼は、もう起き上がることも、笑顔を見せることもできません。呼吸器を止めた瞬間、息絶えるのです。

95歳、誤嚥を繰り返すために胃ろうを挿入され、食べることもしゃべることもできず、ただベッドで横になり続けるだけの生を過ごす老人の家族からは、このように言われました。「先生、父に胃ろうを入れたことは失敗だったのでしょうか。父は生前から、苦しまず死にたいと申しておりましたのに、それとは反対のことをさせてしまいました。これなら早く死なせてあげたほうがよかったでしょうか。」

どのような状態であれ命を生かすという選択は正しいのか。死を受け入れることは悪いことなのか。老人大国となった日本の医療現場で、常に続いている葛藤です。

動くことも、しゃべることも、食べることもできない障害児を持つ母から、こう切り出されたこともありました。

「先生、私、この子が生まれてこなければよかったのに、と思うことがあります。ふとそう考える自分に直面した時、自分が本当に嫌になります。こんな母親は、死んだら地獄に落ちますね。」

この子は、動けないだけでなく、母の声に反応し、微笑むこともありません。また全身の筋力が弱いため、食事（チューブで胃に液体の栄養食を流し込む）、呼吸（気管を切開し人工呼吸器をつないでいる）、排痰（頻回にチューブを気管切開部から入れ、痰を吸引する）、排泄（おむつ着用）と生きるためのすべてをサポートしなければなりません。この現実をシングルマザーとして一人で抱え、生き抜いているこの母は、どれほどたくさんの苦しみを抱えているのでしょうか。

うつ病で苦しむ大学生の女の子からはこのように質問されました。

「先生、苦しい。死にたいです。自殺してはいけませんか」

心の優しい子で、優しすぎるがゆえに社会に適応できず、生きることに苦しみぬいていました。

これらの悲しみに、私はいったい何ができるのか……。

「医者の仕事は何か」と聞かれれば、当然「病を治すこと」、「命を救う事」と答えます。

それが医者の使命であることは間違いありません。しかし、医療は万能ではありません。治せない病気もあるし、救えない命もたくさんあります。そもそも、人は必ず死にます。

どれだけ医学が進歩したとしても、私たちの未来から死が消えることはありません。

ならば、治すことのできない病、避けられない死に対して、医師として何かをしてあげたい、絶望の淵にある患者さんに、手を差し伸べてあげたい。

その思いをかなえるために行ったのが「死生学研究」でした。

そこには、死とは何か、死後何が起こるのか、それらの答えが示されていました。

さらに、死生学研究は、「生」の研究でもありました。

人はなぜいじめや自殺をしてはならないのか、人はなぜ生まれてくるのか、私たちはどう生きるべきなのか、これらの問いにも、答えてくれました。

死生学研究は、私たちに「死」と「生」の答えを与えてくれます。ぜひ、本書を通じて、その答えをお伝えしたいと思います。

人は死んだらどうなるのか　目次

死を学べば生き方が変わる

第2章　臨死体験　23

第3章　過去生療法　99

第6章　死後研究のメリット　195

第7章　苦しみの答え　241

第1章
死生学研究の扉

●死後の研究は保険

「死」という言葉を聞いて、皆さんはどのような感じを受けますか。

少なくとも、「いい気分がする」という方はいらっしゃらないでしょう。

特に日本人は、「死」を非常に嫌います。

医療従事者と患者の関係で死の話はほぼタブー、家族間においても「死ぬことなんて縁起が悪い」とその話をしようとしません。

その徹底ぶりは数字でも示されます。「4（シ）」を「死」とゴロで合わせて、縁起が悪いとし、「4」のつくロッカーがない施設や「4」のつく部屋を作らないホテルも存在するくらいです。でも、縁起が悪いからと死を避け続け、その準備をしないでいることは、私たちの毎日の生を非常に不安定にします。なぜなら私たちは100パーセント死ぬからです。100パーセント訪れる死に対して準備をしないのは、保険なしで日々を生活するようだと私は考えます。

分かりにくいと思いますので、具体例とともに考えてみます。

２０１６年、日本の火災発生件数は３６８３１件でした。日本世帯個数約５０００万世帯とすると、だいたい１３００件に1件火災が発生したことになります。これに対して火災保険は約１５００万世帯（３割）が加入しています。つまり、１３００世帯で考えるなら、３割にあたる３９０世帯はほぼ火事が起こらないにもかかわらず、火災の準備をしている、ということになります。自動車保険は、さらに高い割合です。日本の自動車保有台数７７００万台に対して、年間自動車事故は49万9千件です。これに対して自賠責保険を含めれば車ユーザーはほぼ１００パーセント何かしらの自動車保険に入っています。つまり、私たちは、めったに起こらない火災や自動車事故の準備として、保険に入っているのです。このような視点で考えるなら、１００パーセント訪れる死に対して、何の準備もしないのは、無保険で、無謀運転をやるようなものなのではないでしょうか。

死を考えること、それは恐ろしいことでも縁起の悪いことでもありません。私たち生きる者にとって、不安なく暮らすための保険のようなものです。

まずは、保険に入るような気持ちで、これから始まる「死生学研究」と向き合ってほしいと思います。

●死を意識すると、人生は光り輝く

お釈迦様はかつてこう言いました。

「無常（死）を観ずるは菩提心（本当の幸せ）のはじめなり」

また、フランス作家アンドレ・マルローはこう述べています。

「ボクが死を考えるのは、死ぬためじゃない。生きるためなんだ」

死を考えると、生が輝き始めます。

これは、あるお母さんの苦しみの言葉です。

「朝、登校前にぐずっていた小学生の娘に『あなたみたいなグズグズした子は、お母さん大嫌い』と叱って、学校へ向かわせました。その直後、すごい音で外へ出ると、フロントガラスが割れたトラックの近くに、赤いランドセルを背負ったまま倒れている我が子の姿を見たのです。娘は慌てて出ていったためか、無理な横断をして車にはねられていました。救急車で病院についたときはすでに、娘の息は途絶えていました」

この物語は、すでに10年以上前の出来事でした。しかし、お母さんには、昨日のことのようにお話されました。

「『大嫌い』この言葉をあの日以来悔み続けています。娘にどれだけ謝っても謝りきれません」

彼女はハンカチで目を押さえ、私の前で泣き続けました。

私たちは皆、命に傲慢です。今日自分が、そして自分の大切な人が死ぬと思っていません。命は永遠に続くように過ごしています。

しかし、私たちは、一瞬で命を失います。２０１４年、日本では不慮の事故(交通事故、墜落・火災・溺水・窒息など）で亡くなった方は３９０１１人、自殺で亡くなった方は２４３９８人、大動脈瘤及びかい離（心臓の病気で突然死する）で亡くなった方は１６４０３人もいらっしゃいます[1]。

あなたが、そしてあなたの大切な人が明日も必ずいるという保証はどこにもないのです。目の前の子供と一緒にいられるのも、旦那さんを「お帰りなさい」と迎えられるのも当たり前ではないのです。１日の終わりに家族が皆食卓にそろうのは、小さな奇跡の集まりなのです。しかし、私たちは日常の中で、その奇跡を当たり前と考え、傲慢になり、感謝することを放棄します。しかし、死の意識は、**大好きな人が、今日生きてくれていること以上の幸福は存在しない**ことを思い出させてくれます。そして「これが最後」という思いが、相手へかける言葉を変えてくれます。「これが最後の言葉になったとしても後悔する事のない日々をおくる」その覚悟は、必ず人と人との関係を光り輝くものにしてくれます。

このように死生学研究は、私たちの毎日に、幸せへの気づきと、人に対する優しさの覚悟を与えてくれるのです。

死の意識は、毎日の生き方も変えてくれます。

アップル社の創設者であり、ピクサー・アニメーション・スタジオの創設者でもあるスティーブ・ジョブズ（2011年膵臓がんで死去）は、米スタンフォード大学講演でこのように述べています。

「私は毎日鏡の前で問いかけている。もし今日が人生最後の日であるとしたら、今日予定されていることを本当にやろうとするだろうか。その答えが『ノー』である日が続くたび、私は何かを変える必要に迫られた。死と隣り合わせであると自覚しておくことは、人生を左右する決断をする際の最も重要なツールだ……[2]」

私たちは死を意識した時、始めて、自分の生は無限ではないことに気が付きます。そして自分はいったい何をしたいのか、何をするために生まれてきたのかという「生きる意味」を全力で考え、そして実行するようになるのです。

アメリカの心理学者エイブラハム・マスローも心不全によって死の淵を覗き、それが自分の有限性を自覚する貴重な体験となったことを、ある手紙の中で次のように書き記しています。

「死に直面し、そして一時的にその執行を猶予されたことにより、あらゆるものがこの上なく貴く、神聖で、美しいものに感じられ、私はすべてを愛し、抱擁し、それらに圧倒されたいという衝動をかつてないほど強く感じている。見慣れた川がこんなに美しく見えたことはなかった……死が、そして死の可能性が常に存在するからこそ、より深い愛、より情熱的な愛が可能となるのである。もしも決して死ぬことがないと分かっていたなら、果たして情熱的に愛することができるだろうか。エクスタシーを味わうなどということができるものだろうか[3]」

実際に死を思うことで良い生き方を選べたとする報告はいくつもあります。

フロリダ州立大学のマシュー・ガイリオットは、「死を想うと人間は他者に優しくなる」と主張し、２００８年にこのような実験を行いました。

１グループ：必ず墓場の前を通る

２グループ：特に指示はなく、通常の道を通る。

結果です。毎日墓場を通るように指示されたグループの人たちは、すれ違った人が落とした荷物をひろってあげる確率が40パーセントもアップしていました。

また、２０１０年の追試でも同じ現象が確認されており、自分の死を考えるように誘導された被験者は地球環境やコミュニティへの感謝の気持ちが増し、エコロジーや寄付活動に友好的な態度を取るようになりました[4]。


日本で最も有名な実業家の一人である、ソフトバンクグループの創業者「孫正義」さんも、死の意識により人生が大きく変わった一人です。

孫さんは１９８３年、20代半ば突然の病に倒れ、肝硬変寸前の慢性肝炎と診断されます。医師からは「5年は（命が）もつかもしれないが、それ以上は」と言われます。しかし、病院のベッドで、司馬遼太郎の『竜馬がゆく』を読み、28歳で脱藩し、33歳で暗殺されるまでの約5年間で日本を変えた歴史に触れ、自分自身も「あと5年もあれば、相当大きなことができるのではないか」と考えるようになります。

「5年という制限の中で、自分は何がしたいのか……。家もいらん。車もいらん。物欲は全部なくなった。本当に欲しいのはなんだ？　生まれたばかりの娘の笑顔が見たい。家族・社員みんなの笑顔も見たい。お客さんの笑顔も見たい、そうだ。俺はみんなの笑顔を生み出すために残りの命を捧げよう」

そして3年の間入退院を繰り返して迎えた1986年インターフェロンという画期的な治療法が見つかり、孫さんは見事に完全復帰を遂げ、ソフトバンクグループを世界の会社へと成長させます。と同時に、この時の思いを実践していきます。

東日本大震災発生時、個人資産100億円を寄付、さらに平成23年から引退までの報酬全額を、震災で両親を亡くした孤児支援として寄付する、と宣言され現在も継続されているのです。

つまり、死を意識する事は、私たちの毎日の生き方を変えてくれるのです。

死生学研究の第一人者、E・キュブラー・ロスもこのように述べています。

「私たちは死に臨むとき、幸いにしてそれがあらかじめ予告されていたなら、成長の最後のチャンスを手にしているのだ。より本当の自分らしく、より本当の人間らしく成長するチャンスである。しかし、本当の生き方を始めるのを、死が目前に迫るまで待つ必要はない。いや、待ってはいけない[5]」

自分の命の危機の中であっても、優しさに溢れた愛いっぱいの癌の患者さんに、時折遭遇することがあります。ご本人や家族にお話を聞くと、昔は愚痴や不満でいっぱいでしたが、癌になり、死を意識するようになり、生き方が変わったそうです。

まさに「死」の意識が、その人を成長させたのです。

ただ、ロスがいうように、私たちは目前に迫る死を待つ必要はありません。今、この瞬間から変わることができます。

このように死を意識して生きるだけで、私たちの生は大きく輝きだす可能性に満ちています。**死と生は相反するものではない。死は常に生と背中合わせであり、またお互いが支えあっている関係である。**

私は、そのように考えています。

●死後の世界

では、いよいよ死後研究に入っていきたいと思います。

死とはいったい何なのか、そして死んだあと、私たちはどうなるのか。

まず初めに、現在社会において最も死とかかわる「医療」そして「宗教」という視点から考えてみたいと思います。

■医療から死を考える

医学的、とくに臨床的に死という場合は、心拍動、呼吸運動および脳機能の永久的停止が明確になったときと考えられています[6]。したがって人の死を判定するうえで、私たち医療者は基本、死の3兆候（心臓拍動停止、呼吸停止、瞳孔散大・対光反射停止）を確認し判定します。

なお、医学において肉体の崩壊を意味する死の後のことに関しては、一切定義していません。したがって医療から死後の世界を語ることはできません。

■宗教から死を考える

では、宗教では死をどのように考えるのでしょうか。

実はこの問いに対して「宗教」という枠で簡単に答えることはできません。なぜなら世界の宗教は、キリスト教約20億人を皮切りに、イスラム教約11億9000万人、ヒンドゥー教約8億1000万人、仏教約3億6000万人、ユダヤ教約1400万人、その他の宗教約9億1000万人、無宗教約7億7000万人と多数混在しており、それぞれの死生観は大きく異なっているからです[7]。その違いを、世界の4大宗教を中心に少し詳しく見ていきましょう。

▲キリスト教

「天国」と呼ばれる楽園のような死後の世界像を提示し、そこには地位や身分に関係なく、イエスに対する信仰心さえあれば、死後は誰でも行くことができると説いています。これは現実世界で過酷な立場におかれていた下層社会の人ほど、強く惹かれ、世界中で広く普及しました。

なおキリスト教は、天国へ行けない者たちが、永遠の罰を受けるとされる「地獄」も用意しています。その恐怖は、さらに多くの人々をキリスト教へ帰依させました。

日本では、死んだらすぐにそのどちらかへ送られるかのように考えられがちですが、キリスト教においてこれは誤りです。キリスト教ではその振り分けは、世界最後の日まで待たねばなりません。

キリスト教は、世界がいずれ終わるとする「終末思想」を前提としており、その終末の際、「最後の審判」が行われることを予告しています。そのとき、これまで地上に生きたすべての人間が復活し、神によって生前の行状を審査されるとされます。天国行きか地獄行きかは、この審判を経て確定するのですが、それまでのあいだ、死者はどこでどう過ごすのかは、はっきりしていません。同じキリスト教でも、宗派によって見解が分かれており、定説らしい定説はないようです。

なお、「最後の審判」という概念を先に唱えたのは、ユダヤ教でした。キリスト教はもともとユダヤ教の分派であり、教義の少なからぬ部分を、ここから継承されています。「最後の審判」も、その一つです。（ちなみにキリスト教の開祖イエスも、ユダヤ教徒です）[8]。

▲イスラム教

イスラム教は、7世紀初頭にユダヤ教とキリスト教の影響を受けつつ、これらを批判的に修正するかたちで発生した宗教です。つまりイスラム教が崇める神アッラーは、ユダヤ・キリスト教が奉じる神ヤハウェと同一の存在です。開祖ムハンマドは、この神の教えは正しいが、ユダヤ教徒もキリスト教徒も、その教えを正しく守っていないと批判し、イスラム教を興しました。つまりその批判は、現世におけるユダヤ・キリスト教徒の、信仰のありかたに向けられているもので、裏を返せば、両宗教の説く死後の世界観については、とくに異論はないということになります。したがって、イスラム教の死後の世界像も、キリスト教のそれと大差ありません。「最後の審判」の概念も踏襲されていますし、これが行われたあとで魂が天国と地獄へ振り分けられることも共通しています[9]。

▲仏教・ヒンドゥー教

仏教における死は、大きく2つに分けることができます。一つは「輪廻転生」です。輪廻転生とは、仏教がインドの古代宗教、バラモン教から継承し、現在のヒンドゥー教とも共有している概念で、「あらゆる生命は、死んでもまた別人として生まれ変わることをくり返す」という思想をいいます。

なお、この輪廻転生において大切なのは「業（カルマ）」という概念です。業とは、前の生で積んだ善行や悪行がことごとく次の生に影響をもたらすという、「因果応報」という考えで、これも仏教とヒンドゥー教の見解は一致しています。

もう一つの死は「成仏」です。成仏とは、文字どおり「仏に成る」こと。仏とは、「仏陀」の略です。一般に仏陀といえば、仏教の開祖である釈迦の異名、尊称として知られていますが、本来これは古代インドの言語であるサンスクリット語の「ブッダ」を漢語にしたもので、「目覚めた人」という意味を持ちます。何に目覚めるのかといえば、**この世の真理**です。真理に目覚めることを、別の言葉では「悟りを開く」ともいいます。つまり悟りさえ開けば、理論上は誰でも仏陀になれるのです。そして仏陀になった人間は、死んでももう生まれ変わることなく、久遠の安らぎに満ちた世界へ行けると、仏教は説きます。これを、「輪廻転生から脱する」という意味で、「解脱」と呼び、解脱を果たすことによって得られる安らぎの境地のことを、「涅槃（ねはん）」といいます[10]。

▲日本人の死生観

日本では毎年8月になると、多くの企業が「お盆休み」に突入します。お盆は、死んだ先祖たちの霊が、あの世からこの世へ、一時的に戻ってくる時期だとされ、親族一同そろって出迎える日本独特の行事です。

日本には、仏教が渡来するはるか以前から、先祖の霊が子孫を見守り続けているとする思想がありました。「祖霊信仰」と呼ばれる思想で、海、山、川など、自然界の万物に神が宿るとみなす「自然崇拝（アニミズム）」と並んで、日本独自の信仰、神道の根幹をなす要素でした。

自然崇拝の発生は、縄文時代までさかのぼります。当時の日本人は狩猟採集生活をいとなんでおり、豊かな自然から生活の糧を得ていました。その恩恵に対する感謝の念が、自然を神として敬う謙虚な姿勢として、日本人の心に育まれていきました。そして農耕が普及した弥生時代、これに新たに加わったのが、祖霊信仰です。弥生人はこの農耕の技術を、先祖からの贈り物と考え、自然神に対するのと同様の感謝を、彼らに捧げました。そして先祖＝死者をも、神として崇めたのです。仏教普及後の日本では、「人は死ねば誰でも仏になる」といった考えが広まりましたが、これは実は「神」という事が仏に置き換えられた結果なのです[11]。

以上、簡単に4大宗教、そして日本人（神道）の死生観を示しました。

もうお分かりですね。宗教が異なれば、死後の世界は全く異なるということです。これがさらに、世界中の土着の宗教まで入れるのであれば、さらに多くの死生観が存在することになります。これをどれか一つの宗教をもとに死後の世界を語れば、そこには必ず争いが生まれます。実際、過去、そして現在の争いの原因の一つは宗教間対立です。

とするならば、死後の世界を宗教から考えることは、不可能ということになります。

ではどうすればよいのでしょうか。

その答えは、ただ一つ。**死後世界をできるだけ科学的に研究する**、ということです。

死を宗教で語れば争いの種になります。また死の世界をフリーに扱えば、あっという間にオカルトの世界に引きずり込まれ、〝怪しさ〟と〝うさん臭さ〟が漂う、多くの人々が拒絶する世界観になってしまいます。したがって、それらを避け、できるだけ多くの人に納得してもらえるように、死の研究においては「科学性」と「客観性」が最重要となります。私が死生学研究を行うにあたっても、この点を非常に重要視しました。

その視点において、私が選択した死生学研究が
「臨死体験研究」

「過去生療法研究」

「過去生を記憶する子供たち研究」

という3つの研究です。

これらの研究は、既に世界の多くの大学や関連施設において、医療従事者を中心に学問的に研究されており、さらにその研究結果は学術論文として多数発表されています。

これらの研究であれば、死後の世界を、宗教でも、オカルトでもない、科学的、医学的視点で論じることが可能になります。

ただ、読者の多くの方が、初めて耳にする研究と思われますので、ここで、これらがどのような研究なのかを簡単に述べておきたいと思います。
(1)臨死体験研究：死に非常に近い状態（臨床的には死亡しているとみなされたり、死を宣告されたりした状態）に陥ったにもかかわらず生き続けた人間が、その間に遭遇した意識を伴う体験を、研究、分析したもの[12]。
アメリカでは、1970年代に入ってから臨死体験研究は、学問として研究対象になりました。現在では、国公立大学医学部に研究機関が設けられ、厳しい編集審査を

誇りにする一流医学専門雑誌Lancetや Resuscitation, Journal of Nervous and Mental Diseaseなどに、多くの「死から戻った」例が報告されるようになっています。学会の活動も活発で、1990年、ワシントンのジョージタウン大学で13か国、300人の研究者と体験者を集めてはじまった国際臨死体験学会は、すでに30年以上継続、現在も発展し続けています[13]。

(2)過去生療法研究～催眠療法（退行催眠療法）を利用した心理療法の一種。催眠は欧米では19世紀ごろより学術的な研究がすすめられ、1955年にイギリスで、そして1958年にはアメリカにて、医師会で認められた治療法となっています[14]。なお、過去生療法も、米国では、30年以上前に国際米国過去生療法研究協会（IAPRT : International American Association for Past Life Research and Therapy）が設立され、これまでに多くの医療関係者やセラピストたちが学び、臨床に役立つ成果をあげています[15]。

（著者も、米国催眠療法学会認定セラピストの資格を持ち、臨床に応用しています）

(3)過去生を記憶する子供たち研究～幼いころに自分の過去生のことを事細かに述べる子供たちを調べている研究です。この研究の第一人者としてあげられるのが、イアン・スティーブンソン博士です。彼は39歳という若さで、バージニア大学精神科の主任教授に就任した天才精神科医でしたが、偶然、ある生まれ変わりの事例を読み、それ以来生まれ変わり研究に没頭していきます。その後、40年以上にわたって世界を駆け巡り、2007年2月、88歳で亡くなるまでに、15冊の著書と259本の論文、世界中から収集された2500以上の「生まれ変わり」事例を残しています。

この、イアン・スティーブンソンから始まったバージニア大学での生まれ変わりの研究は、現在でも、ジム・B・タッカー博士を中心に続けられ、現在は症例をコンピューターにベース化しています。

なお、私も、死後世界を対象にある研究を行いました。要約して、少しお示しします。

◉**加藤論文要約**

・タイトル：死後世界の医療的活用
・サブタイトル：死後世界の存在は人々の死生観にどのような影響を与えるのか
・イントロダクション：これまで医療は、死を敗北ととらえ、それを避けることこそが最大の目的であるとされてきた。その結果、医療技術は、進化、発展し、寿命は格段に延びた。その一方で、死に対する対応は置き去りにされた。死は忌み嫌うべきものとして恐れられ、だれも望まない、命の質を無視した延命治療が延々と続けられている。そのため、今や日本の医療費は年間総額30兆円を超えるほど膨大し、日本経済を揺るがすまでになっている。また、死を置き去りにした医療現場は、死を前にした患者に訪れる、不安や恐怖というスピリチュアル的苦痛に対して、何ら対策をとれていない。

私は、これらの問題の根本は、治療者側、患者側双方における「死の準備不足」、言い換えるなら「未知なる死に対する恐怖」が原因と考えている。この考えが正しければ、死の理解により、死が未知の物、恐怖の対象でなくなれば、これらの問題は解決されるはずである。したがって、今回、私はこれを証明するために、死を理解し、恐怖の対象としないためのマニュアルを作成し、そのマニュアルにより、実際、死の恐怖を取り去ることが出来るのかどうかを検討することとした。

・方法

①マニュアルを作る

まずマニュアルを学術的かつ客観的な立場から作成するために、大学教官、博士号を持つ研究者、臨床研究家が調査研究している「臨死体験」、「過去生療法」、「前世の記憶を持つ子供たち調査」を利用した。これらは死後世界に対して、純粋な学術研究、客観的データの蓄積と分析という科学的方法論を用いており、十分信頼に値する研究だと判断したからだ。それらをまとめる形で、マニュアルを作成した。

②マニュアルによる死生観の変化をアンケートで調査する

アンケートは、「死のとらえ方」、「終末期における延命治療」、「末期がんにおける治療」、「尊厳死の宣言書の是非」に対する調査を行うために作成された。

さらにこれを、マニュアル読破前と読破後に分け、同一人物で2度行った。つまり、死後に対する知識が乏しい状態での考え方が、マニュアル読破後（死後研究理解後）どのように変わっていくかを調査した。

なお対象者であるが、当院クリニックに通院している患者とその家族、及びYNSA学会、統合医療学会に所属、または関係する医療従事者のうち、自主的に協力してくださった90名とした。さらに、このグループを⑴医師、⑵東洋医学系治療家（主に鍼灸師）、⑶命のリスクのある疾患を抱える人（主に癌患者）、⑷一般人、と大きく4つのカテゴリーに分けて、それぞれのグループにおいて差が生まれるのかを比較、検討している。

以上が私の行った研究の概略です。

なお、私はこの研究結果により、2017年に海外の3つの大学（Azteca University・

Nicaragua University・Intercultural Open University）より博士号をいただきました。

今回本書に記載しています死後研究は、**私の独りよがりなものでも、オカルトめいたものでもなく、世界的な学問を基礎にしたものであり、この結果は世界に承認されたものである、**ということができるのです。

ではあらためて、これから「臨死体験」、「過去生療法」、「生まれる前の記憶を持つ子供たち研究」、これらの研究を一つ一つ詳しく見ていきたいと思います。

第2章

臨死体験

臨死体験は、日本では、まだ、学問としての研究対象ではありません。しかし欧米では、１９７０年代、共に精神科医であるＥ・キュブラー・ロスとレイモンド・ムーディの精力的な臨死体験研究をスタートに、現在もさまざまな医療機関で研究が続いています。

臨死体験は、非常に珍しい現象のように思われるかもしれませんが、実はかなり一般的な現象です。

各種医療機関の報告をまとめると、心肺停止から蘇生した人の実に11パーセント～40パーセントが臨死体験者であると報告されています[1,2,3]。

さらに、米国で行われた統計調査によれば、米国国民の２３００万人が生死の境をさまよう体験をしており、そのうちの８００万人（アメリカ成人の5パーセント）ほどの人が臨死体験経験者であるという報告もなされています[4]。

●歴史から見る日本の臨死体験

現在、学問としての臨死体験研究はほぼ皆無の日本ですが、歴史的視点で見れば、日本は実に１０００年以上も昔から臨死体験を研究している国です。

８２２年に書かれた「日本霊異記」が、日本における最初の臨死体験記録といわれます。これには７２４年から７９６年までの臨死体験者の名前、日時、場所、その際の体験（「輝く雲と大権の山々や金色の宮殿を見た」など）が詳細に記載されています[5]。

これ以降、日本では臨死体験研究が学問となり、臨終に付き添う僧侶は、死に瀕した人の様子を積極的に聞くようにすすめられ、以後長く、臨死体験の記録は続けられ、その結果は多くの書物に残されています。

・『日本往生極楽記』（９８５～９８６）：僧侶をはじめ、一般庶民の臨死体験が克明に記載[6]

・『扶桑略記』（１０９４年までに起こった出来事を12世紀ごろ編纂）：地蔵や弥勒、阿弥陀等のビジョンを持って瀕死者が蘇生する物語

・『元亨釈書』（１２７８年～１３４６年）：鎌倉時代に編纂。一時的に死亡し再生した僧が3年間、耳が聞こえず、口もきけなかったが、その後回復して、あの世の話を言うようになった、などの物語が記載[7]

以上のように、日本では長く、「往生伝」（極楽浄土に往生した人々の伝記を集めたもの）という形で記録され、地方によっては廃仏毀釈の明治期まで、その臨終の記録が続いていたようです。これほど長く、また多数、臨死体験を記録している国は歴史上存在しません。歴

史的に見れば、日本は、「世界一の臨死体験研究国」なのです。

では、なぜ今、日本人は死後世界に無関心なのでしょうか。

そこにも、歴史的な理由があると考えます。

まずは宗教の弾圧です。キリスト教徒に対する踏絵、仏教に対する再三の廃仏毀釈、神道へのＧＨＱの検問、また新宗教の犯罪事件などにより、日本人は１００年以上に渡り、宗教的思想を弾圧・否定がなされてきました。さらに、第二次世界大戦に敗戦したことで、日本の伝統的習慣そのものが、古く、誤ったものであるという考えが定着させられました。

その結果、日本に古来からあった「あの世」や「生まれ変わり」の思想は「間違った宗教の教え」、「古いオカルト的な伝承」という位置づけとなり葬り去られたのです。

したがって、欧米での臨死体験の研究に対して、現在日本人の学術的調査はほぼ皆無であるという現状なのです。

●臨死体験のパターン

ここから、具体的に臨死体験について細かく見ていきます。

臨死体験が広く一般的に知られるきっかけになった最大の原因は、前述したレイモンド・ムーディの『LIFE AFTER LIFE』が１９７５年に出版され、世界的ベストセラーになったことであるといわれます。（邦訳『かいまみた死後の世界』１９７７年）

その中で彼は、収集した１５０の臨死体験の事例から50例を選び出し、その人たちの体験談を詳しく聞き取りした結果、死に瀕した状況や、性別、年齢にかかわらず、体験の内容には驚くほど共通性の高い要素があると発表しました。

ムーディがこの本で投げかけた波紋は急速に広がり、このパイオニア的研究に続いて、臨死体験とその意味を研究する多くの研究論文や書物がアメリカだけでなく多くの国々で発表されました。臨死体験を学問として調査した書物の古典的代表作と、現在の代表作をざっと表記してみます。

・１９８０年：ケネス・リング～臨死体験研究において初めて統計的な手法を導入。収集した１０２名のデータを詳細に分析し報告[8]。

・１９８２年：マイケル・セイボム～心臓病専門医。１９７６～１９８１年の６年間、臨死体験者78名に聞き取り調査を実施[9]、報告。

・２０１４年：ジェフリー・ロング（jeffry Long）放射線科医、医学博士。非営利団体Near Death Experience Research foundation（臨死体験研究財団）を設立し、そのウェブサイトNDERF.orgを臨死体験の体験共有の場として公開、研究データを収集。10年で1300人以上の体験を集め、2014年、最新版アンケートに回答をしてくれた613人の臨死体験者を分析、報告[10]。

これまで、40年以上の歳月を費やし、さまざまな方法で、多数の臨死体験者を集め、分析した結果、臨死体験中に経験する現象は、1970年代にムーディが報告したものとほぼ同じでした。それは、大まかに以下の9の項目に集約され、また体験率は表のようになります。

言葉だけでは分かりにくいと思われるので、実例を交え一つ一つを詳しく見ていきます。

(1) 体外離脱体験

体外離脱とは、心拍・呼吸が停止している、つまり医学的肉体死の状態にもかかわらず、肉体から意識が離れた状態で、現世の出来事を見、それを報告するという現象をいいます。

「天井から、自分の体を見ていた」

「自分の周りに、医師や看護婦が集まり、色々コードをつなぎ、心臓マッサージを始めるのを上から見ていました」

などとする現象です。

表：臨死体験でみられる各要素及び、臨死体験研究で著名な３人における発生率の報告

臨死体験各要素	セイボム	リング	ロング
（1）肉体から離れる感じ（体外離脱体験）	100%	37%	75.4%
（2）苦痛が消え、安らぎが訪れる。ポジティブな感情が芽生える	100%	60%	52.5%
（3）神秘的な存在、あるいは亡くなった身内や友人など他者に遭遇する	48%	8%	57.3%
（4）暗い空間（トンネル）に入る、あるいは通り抜ける	23%	23%	33.8%
（5）神秘的、あるいは強烈な光に遭遇する	28%	16%	64.6%
（6）この世のものではない（天国のような）世界に遭遇する	54%	10%	40.6%
（7）自分の一生を振り返る（走馬灯体験）	3%	12%	22.2%
（8）特別な知識に出会い、習得する	割合不明	割合不明	56.0%
（9）自分の肉体に再び戻る	100%	100%	100%

これは、一般的にも有名な現象で、アニメやドラマのワンシーンとして、自分の死んだあと、魂になって周りの人たちが悲しんでいる様子を見ている、などの描写を見たことがある方もいらっしゃるかもしれません。

▲反対派：五感による確認説

体外離脱時に見たとされる描写に対して、意識が無いように見えても五感（視覚、聴覚など）が働いており、それによって、得ることが出来た情報ではないか、という意見があります。

これに対して、ジャニス・ホールデン教授（ノース・テキサス大学）は過去に報告された、あらゆる臨死体験関係の学術書や論文を調査した結果、体外離脱時の描写は92パーセント

が完全に正確であったと報告しています[11]。一方、蘇生処置は受けたが、体外離脱はしなかった人による描写は著しく不正確だったことも分かっています[12]。

また、対外離脱したとしか考えられない実例も多数報告されています。

その1例を、立花隆さんの書かれた『臨死体験』からご紹介したいと思います。

◉アラン・サリバン（アメリカのコネチカット州ハートフォードの運送業者、59歳）

サリバンさんは三年前、心筋梗塞の発作を起こしてハートフォードの救急病院に担ぎ込まれて緊急手術を受けました。そのとき体外離脱して、自分が手術されるところを天井の方から見ていたと報告します。その時見たことを今でも覚えていますが、それが本当に自分の手術の様子と客観的に合致しているのか、自分を手術した医師に会って確かめてみたいとかねがね思っていました。そこで、病院に連絡を取り、立花氏、NHKテレビ取材班、サリバンさんとともに医師と面談します。

サリバンさんが手術をした主治医に会うのは、退院後はじめてでした。退院後も、何度か検査のために病院にきたことはありましたが、会うのは心臓内科の担当医だけだったからです。だから、自分の臨死体験をこれまで心臓外科医である主治医（T医師）に語ったことはありません。

　サリバンさんはこれまで手術というものをしたことがなく、手術室に対する予備知識などありませんでした。さらに救急車で担ぎ込まれて、意識がもうろうとした中、あっという間に麻酔をかけられたので手術室の中を観察する暇もありませんでした。そのような状況についての供述です。

供述1「わたしがまず何よりびっくりしたのは、沢山の人がわたしの体を取りかこんでいたことです。5人くらいいたと思います。そのうち2人が、熱心にわたしの脚を手術していました。わたしは、悪いところは心臓だとばかり思っていたので、これにはびっくりしました。あの医者はいったい何をやっているのだろうと不思議に思いました。

　T先生は、わたしの頭の方にいました。その両脇に医者と看護婦が一人ずついて、それから、わたしの頭のところに大きな白い帽子をかぶった看護婦がいて、先生以外に全部で5人いました」

真偽判定1

・人数及び配置～すべて供述通り

・足の手術～サリバンさんの心臓は冠動脈が動脈硬化を起こし心筋梗塞をもたらしていたので、冠動脈のバイパスを作る必要がありました。そのバイパス用の血管は普通、脚の血管を切って利用します。脚のところにいた二人の医師は、その作業をやっていました。こういうことは、かなり心臓手術に通じている人（医療関係者）でなければ知らないことです。

供述2「上から見ると、私の目のところが、何かよく分からないもので覆われていました。あれはいったい何だったのですか」

真偽判定2

・目の覆い～患者の目を万が一にも誤って傷つけることがないように、患者の目を閉じさせ、その上に卵形のアイパッチをのせ、それをテープで固定しています。だから、たとえ患者が手術中に意識を取り戻して目を開いたとしても、患者は何も見えなかったはずです。体外離脱の解釈で、麻酔が途中で弱くなって、患者が薄く意識を取り戻した状態で、薄目を開けて外を見ていたのではないかという説もありますが、サリバンさんの場合は、それも不可能です。

供述3「それからT先生は、黒い重そうな眼鏡をしておられましたね。そのとき以外眼鏡をしておられるのを見たことがないので、変だなと思っているんですが」

真偽判定3

・T医師のメガネ～T医師は、手術のときだけ、特別の拡大鏡がついた眼鏡を着用します。

供述４「私の胸が切り開かれ、心臓が見えていました。こういう大手術のときに血が大量に流れるのかと思っていたら、ほとんど流れていないのでびっくりしました。そして、心臓は血で赤いのかと思ったら、白っぽい紫色で血の気がぜんぜんないのにも驚かされました。それから、心臓はいわゆるハート形をしていると思っていたのですが、ハート形とはぜんぜん似ても似つかぬ形をしているのもびっくりでした。心臓はガラスのテーブルの上に置かれているように見えました」

真偽判定４

・心臓の色～血液の循環は、人工心肺装置につながれて、そちらで行われているので、手術中の心臓にはぜんぜん血液がきていません。だから、白っぽい紫色をしています。もちろんハート形ではありません。

・ガラスのテーブル～心臓の手術をする際、心臓の代謝を抑えるため、心臓の周囲に氷を敷き詰めます。それを天井から見ればガラスのテーブルに心臓を置いているように見えます[13]。この現象を五感説で解釈することは科学的、医学的に不可能です。もっとも理にかなった説明は、「実際に体外離脱した時に見た現象である」これしかないように思います。

▲盲人の臨死体験

さらに、この体外離脱を肯定させるのが、盲人の臨死体験です。

1998年、ケネス・リングとシャロン・クーパーは、先天的全盲者の人たちの臨死体験の証言を集めた論文を『臨死研究ジャーナル』に発表、さらに翌年、共著として『Mindsight』を出版しました。その中で示された症例です。

症例：22歳　女性　既婚者

乳児期、保育器内で過剰な酸素にさらされたため視神経がダメージを受け、生後すぐに視力を失った全盲者

「……右手の薬指にはシンプルな金の指輪、その隣に父の結婚指輪をしていたと思う。でも目が行ったのは自分の結婚指輪だった……。デザインが変わっていたから目を引かれた。端のほうにオレンジの花がついていた[14]」

全盲の方が、臨死体験中に見えたとしか思えないエピソードを披露しています。

この事実はさらに、体外離脱の存在を強く示唆する科学的調査であると考えています。

⑵ 心の安らぎと静けさ

臨死体験者たちは皆、死の体験の最初の段階で「非常に心地の良い感じがした」と述べています。

セイボム、サザランドの報告では、臨死体験者の１００パーセントが、体験中の感情を「穏やかさ」、「安らぎ」、「落ち着き」など好意的に表現し、報告しています。

通常、臨死体験直前直後においては、ほとんどの例で身体的にも心理的にも強い苦痛が見られます。そのような状況にもかかわらず、臨死体験中の感情はそれとは全く対照的な幸せな感覚であったという報告は、特筆すべきものです[15]。

・心臓発作の後に蘇生した女性の体験

「最高にすてきな気分になったのです。安らぎ、満足、すっかりくつろいだ気分、それ以外は何も感じませんでした。平穏そのものでした。心配のタネはすっかり消え去ってしまったような感じがしました。『なんておだやかなんでしょう。少しも苦しくないわ』と、ひそかに思っていました[16]」

・10歳の時に両側肺炎にかかり、今晩が峠だろうと言われた女性

「私は天井に浮かんでいて、とても幸せな気分でした。まさに至福ですね。１００パーセントの幸せというか……本当に言葉なんかじゃ絶対に言い表せないんです。ずいぶん経った今になっても、あの感じには圧倒されます[17]」

世界中の臨死体験を2万例以上集めてきたE・キュブラー・ロスは、この(1)体外離脱、(2)安らぎ体験、を死の第一期として、以下のように述べています（要約）。

「第一期はまず最初に、肉体からぬけだして空中に浮かびあがります。死因のいかんにかかわらず、全員が明瞭な意識をもち、自分が体外離脱をしている事実にはっきりと気づいています。さなぎから飛び立つ蝶のように、肉体からふわっとぬけだすのです。そして、自分がエーテル状の霊妙なからだをまとっていることに気づきます。なにが起こったのかは明晰に理解しています。その場にいる人たちの会話が聞こえます。自分の死の瞬間にベッドサイドで行った医師の行動、親族の言葉を覚えている人はたくさんいます。人間の肉体的な死というのはチョウがマユから出ていくのと同じです。ここで人々は『さなぎ＝体』とは本当の自己ではなく、仮住まいの家にすぎない。死とはただ、一つの家からもっと美しい家へと移り住むだけのことであると悟るのです。

第一期で経験するもう一つの特徴が『完全性』です。たとえば、全盲の人も目が見えるようになる。全身まひの人も軽々と動けるようになる。それがあまりにも楽しかったので、生還してから抑うつ状態になった人もいます。実際、面接した人たちが感じた唯一の不満は、死んだままの状態にとどまれなかったという事でした[18]」

▲反対派～エンドルフィン説

この現象に対して反対派たちは「エンドルフィン説」を唱えます。臨死体験初期、脳内幸せホルモンである「エンドルフィン」が大量放出することにより、痛みが和らぎ、幸福感が増加する、という説です。

たしかにエンドルフィンは痛みを和らげ、幸福感を増加させます。しかし、エンドルフィンの疼痛抑制と臨死体験では、その報告が大きく異なります。

例えば痛みに関しての報告です。難治性疼痛を持つ癌患者14名の脳脊髄液に外部からエンドルフィンを投与した場合、5分以内にすべての痛みは消失し、その状態は22時間から73時間続きました[19]。ところが臨死体験の場合、無痛状態や幸福感が続くのは、その体験中だけで、体験が終わった途端、痛みがぶり返します。

つまり、エンドルフィンの影響で安らぎや幸福感を獲るのであれば、数分の臨死体験後も、この感情は続かなければなりません。しかし、臨死体験者は、自分の体に戻ったと感じた途端、痛みや苦しみを速やかに感じるようになります。これを考えるなら、この安らぎが、エンドルフィンと考えるのは無理のある考えだということになります。

(3) 亡くなった身内や友人など、他者に遭遇する

・分娩中に臨死体験をした女性

「わたしは出産中にこの体験(臨死体験)をしました。分娩は困難を極め、大量に出血しました。医者はわたしを見放し、親類の人達に臨終を告げました。でもその間ずっと、わたしの意識ははっきりしていました。医者が臨終を告げるのを聞いて、これでわたしは死ぬのだなと思ったくらいでした。ちょうどその時、いろいろな人がいるのに気付きました。とても大勢の人が、分娩室の天井近くをただよっていたのです。わたしが生きていた時の知り合いで、以前に死亡した人たちばかりでした。祖母、学生時代の女友達、親類縁者や友達がたくさんいることに気づきました。……みんな喜んでいるようでした。とても幸せなできごとでした。この人たちはわたしを守り、道案内するために来てくれたのだと思いました。まるで家庭に戻ったような感じでした。わたしを迎え、歓迎するために、皆があそこに居たのです。その間ずっと、すべての物が軽やかで美しく感じられました。すてきな心うれしい時間でした[20]」

E・キューブラー・ロスは、この現象を死の第2期と表現します[21]。肉体を置き去りにして、別の次元に入る段階です。体験者は、霊とかエネルギーなどとしかいいようのない世界、つまり死後の世界にいたと報告します。

なお、この世界に入っていっても、寂しさを感じることはありません。なぜなら先立って亡くなり、自分のことを愛し、大事にしてくれた両親、祖父母、親戚、友人などが迎えに来てくれるからです。20歳の時に子供を亡くした人が99歳で亡くなっても、亡くしたときと同じ年のまま子供に会うことが出来るといいます。その場面を生還者たちは喜ばしい再会、体験の共有、積もる話の交換、抱擁などとして記憶しています。

なお、臨死体験中に出会う人たちは、必ずといっていいほどすでに死んでいる人間です。これも、臨死体験が真実である一つの証拠になると考えています。

もしも臨死体験が、脳の機能により生み出されただけのものであるなら、そこで出会うのは、最近のもっとも親しい人や、直近の記憶に残っている人物（助けてくれた救急隊員や、コンビニエンスストアの店員など）である可能性だってあるはずだからです。

ですが臨死体験者の大多数は、既に亡くなっている友人や身内と出会います。しかもその人物は、ここ数年、あるいは数十年、思い出すこともなかったような人であることも珍しくありません。実際、ヴァージニア大学で精神医学を専攻するエミリー・ウィリアムズ・ケリーが行った調査においても、臨死体験中に人物を見たと述べた人の95パーセントは「死んだ人」であり、その大半が親戚や身内でした[22]。対照的に、夢や幻覚の中で会うのは生きている人間が多いことを考えるなら、死んだ人たちと会う臨死体験は、夢や幻覚と明確に区別される特徴であり、また臨死体験の信ぴょう性を裏づける現象の一つであると考えてよいのではないでしょうか。

なお、この亡くなった人物の幻像を見るという体験は、死にゆく者が死んでいない段階で、表現能力が残っている間に周囲に伝える「臨終時体験」でも多く認められています。その研究の第一人者、アメリカのカーリス・オシスとエレンドゥール・ハラルドソンは、文化圏の異なるアメリカおよびインドにおいて、臨死体験者及び臨終時体験者を1000名以上集め検討しました。その結果、末期患者である臨終時体験者においても、そういう幻覚を見た例がたくさん報告されていました。

・大腸癌を患っていた60代の女性を看取った看護師の報告

「突然患者は眼を開きました。そして、(亡)夫の名を呼んで『今あなたのもとへまいります』と言うんです。まるで大好きな相手の腕にとびこむ時のように、安心しきったきれいな顔をしていました。『あなた、今まいります』と言ったのですが、私がその場にいることにはどうも気づかない様子でした。あの世にでもいるみたいでしたね。何かとてもきれいなものが眼の前に現われでもしたようでした。それほどすばらしい、美しいものを体で味わっていたのですね[23]」

オシスらの調査によれば、幻覚として現れた人物像は、米国の調査では、死者70パーセント、宗教的人物13パーセント、生存者17パーセント、インドでは死者29パーセント、宗教的人物50パーセント、生存者21パーセントとなっています[24]。

なお、ここでは、生存者を見ている数が両国で約20パーセント前後いるのですが、今回のサンプルを詳細に調べると、病気中に薬物療法を受けていた人が約20パーセント、39・5度以上の発熱者が８パーセント、幻覚誘発性疾患群としている脳卒中、脳損傷、尿毒症が約12パーセント含まれており、幻覚を誘発する可能性のある疾患は38パーセントでした。つまり、生存者を見たと報告された約20パーセントの人たちは、いわゆる霊視ではなく、せん妄状態による幻覚を見ているのだろうと評価されています[25]。

ちなみに、死者や宗教的人物が見えた場合は、皆「お迎えに来た」と表現したのに対して、生存者の霊姿が患者を迎えに来たとされた例は皆無であったことからも、ここで認められた生存者は、いわゆる幻覚と考えてよいのではないかと考えています[26]。

▲ピーク・イン・ダリエン・ケース

想像の類ではないと考えられるもう一つの根拠が、死んだことを知らなかった人と出会った、とする報告です。

E・キューブラー・ロスの報告です。

臨死体験をした十二歳の少女は、臨死体験について父親に打ち明けます。死ぬのはとても美しい体験だったこと、あまりに素晴らしすぎて、もうこちらに戻ってはきたくなかったこと、そこではお兄さんに会い、大きな優しさや、愛、共感で包み込んでくれたことなど。

話し終えた後、彼女は父にこういいます。

「でも、一つ問題があるわ。私お兄ちゃんなんていないのに」

すると父は泣き出して、実は兄がいたと告白します。実は彼女が生まれる3か月前、あの世へと旅立った兄がいたのです。しかし、少女はその事実を知らなかったのです[27]。

もう1例、エベン・アレグザンダーの例をお示しします。(エベン・アレグザンダー：脳神経外科医師。ノーベル賞候補者にも挙げられるほどの科学者。臨死体験前は現在医学の中央にいる、神も信じない、霊の世界も信じない。信じるものは、実証され、反復され、誰が見ても分かるような科学的証拠のある事実だけであるという典型的な医師)

彼は、大腸菌性髄膜炎により、脳を犯された結果、意識不明の昏睡状態に陥り、以後7日間、人工呼吸器につながれ、生と死をさまよっている間に臨死体験をします。その時の経験を書いたのが、全米で２００万部を超えるベストセラーになった「プルーフ・オブ・ヘブン」です。
この著書が、他の臨死体験の著書と一線を画すのは、まず彼が、脳に対するプロとして自分に起こった現象を、非常に冷静に分析している点です。７日間の昏睡状態の臨床データを分析し、自分自身の大脳皮質は機能停止しており、幻覚を見ることすらできない状態であることを医学的、科学的に証明し、臨死体験は否定しようのない事実であると述べています。

さて、エベンの体験です。

彼は臨死体験中、初めから常に彼によりそう美しい女性がいたことを述べています。その人を彼は見たことがなく、臨死体験から回復した後も、その人はいったい誰であったのか謎のままでした。しかしのちにそれが、今まで一度も会ったことがない、すでに亡くなっていた自分の妹であったことが判明します。（彼は孤児院で育ち養父母に育てられるという複雑な成育環境でした。臨死体験後、初めて妹の顔を写真で確認する機会を得ます）。つまり、彼の会った人物は、自分の作った幻想ではありえない人物だったのです。

これらの体験を重ねてエベン博士は、「臨死体験は真実の体験であろう」と分析しています。

このように、臨死体験を通して、生存中に知らなかった近親者の死を知る現象を専門用語で「ピーク・イン・ダリエン・ケース」といいます。

なお、E・キューブラー・ロスは、子供たちの臨死体験においても、誰一人として、父、母が存命の場合、その父、母を見た子供はいなかったと報告します[28]。子供たちが最も会いたい人の多くが両親であるはずなのに、それを見た子供たちが皆無という報告からも、臨死体験で見る人々は、あの世から、死にゆく人たちを迎えにきた人たちと考えた方が、スムーズではないでしょうか。

このような事実も加味するなら、臨死体験における他者との遭遇は、想像や空想の類ではなく、真実の現象であり、来世を裏付ける強力な証拠だといえると考えます。

▲守護天使との出会い

E・キューブラー・ロスは、身内などのほかに、**守護天使**（日本では守護霊ともいわれる。子どもたちは「遊び友だち」と表現することもある）が迎えに来てくれるとも述べています[29]。人間は誰しもその誕生から死に至るまで、霊的に導いてくれた存在に出会うというのです。E・キューブラー・ロスによれば、守護天使の存在を信じようが信じまいが、どのような宗派の信者であろうが、関係なく全ての人々に存在し、常に無条件の愛で私たちをなぐさめてくれるとしています。

同様の報告として、小児の臨死体験の第一人者である、小児科医師であるメルヴィン・モース博士も、臨死を体験した子供の場合、50パーセント以上が守護天使に遭遇していたと報告しています[30]。

「常に私たちの後ろに、１００パーセントの愛で見守り、支えてくれている存在がいる」

そう思うだけで、私はとても心が癒されます。

▲死者との遭遇

臨死体験者たちの中には、自分が死んだあと、愛する人、会いたいと思う人のことを考えると、テレポーテーションしたかのように、その人のすぐ近くに移動することできた、と報告する人がいます。

この点において、今度は臨死体験者ではなく、いわゆる健常人の調査から検討してみたいと思います。

シカゴ大学世論研究センター、アンドリュー・グリーリーは、世論調査で抽出された１４６７名のアメリカ人に対して「今まで、死んだ人と接触したと思ったことがあるか。」と質問しました。これに対して、27パーセントにあたる人が肯定的な回答をしました。その結果を踏まえ、「５０００万人を超える人びとがこうした体験をしている可能性があり、中でも６００万人は、このような体験をかなり頻繁にしている」と述べています[31]。

世界的統計調査機関ギャロップ調査でも、約４７００万人もの人が宗教的あるいは神秘的体験を経験していました[32]。ヨーロッパ、アイスランドで行われた同様の調査でも、全人口の33パーセントが、死者とある種の接触をしています[33]。

死者との接触体験は、配偶者やパートナーの場合、さらに高くなります。

先のグリーリーの報告では､亡くなったのが配偶者である場合､その体験は2倍近い51パーセントにもなると報告しています[34]。

イギリスでも同様に、配偶者を失った人に限れば47パーセントの人が、死亡した配偶者との接触を体験し、姿を見た人は14パーセント、声を聞いた人は22パーセント、話を交わした人は12パーセント、そして3パーセントの人は、配偶者の身体に実際触れたといいます[35]。

さらに、この体験は一度ではありません。南カリフォルニア大学ロサンジェルス校のデイヴィッド・K・レイノルズらによれば、ロサンジェルスに住む白人、黒人、日系、ラテン系など、さまざまな民族集団の調査で、配偶者を失った人々のうち60パーセントは、死後も何らかの形で配偶者の存在を体験、もしくは感じており、さらに24パーセントはその体験を何度も繰り返したと答えています[36]。

ちなみに日本にも報告があります。未亡人54名に対しての対面調査の結果、なんと90パーセント以上が、先立った配偶者と何らかの形で遭遇したと報告しています[37]。

著者も、亡くなった大好きな祖父母と接触体験をしてますし、患者さんでも、亡くなった配偶者と出会ったという話は、かなりの頻度でお聞きします。

読者の方も似たような体験をされたことがあるかたは多いのではないでしょうか。

自分が生きている間も、死んだ後も、先だった愛する人に出会うことができる

こう思うだけで、とても癒される気持ちになりませんか。

⑷ トンネル体験

迎えに来た人々に導かれて、つぎの段階に入っていきます。そのはじまりはトンネルや門の通過であった、と表現されます。ただしそのイメージはさまざまで、洞穴、井戸、溝、下水道、谷間、円筒などの報告も多数あります。しかし、表現は違ってもみな一つのことを説明しようとしているのは明らかです。

「わたしは局部麻酔でひどいアレルギー反応を起こし、息ができなくなりました。呼吸停止状態になってしまったのです。とたんに、――一瞬のうちに起こったのです――わたしは、真空の暗闇の中を、猛烈なスピードで通り抜けていました。トンネルみたいなところです。遊園地のローラーコースターに乗っているみたいに、そのトンネルの中をものすごいスピードで通り抜けていたのです[38]。」

(5) 光との遭遇

トンネル体験の最後に、多くの人が体験するのは、まぶしい光の目撃です。この光との遭遇は、臨死体験者たちの、その後の生き方を大きく変えるほどの体験のようです。

E・キューブラー・ロスは、このトンネル体験と光の遭遇を死の第3期と表現し、このように述べています。

「ガイド（守護天使のこと）の導きによって近づいていくと、それは実は、ぬくもり、エネルギー、精神、愛であることが次第に分かってくる。そして、ついに了解する、これが愛なのだ、無条件の愛なのだ。生還者たちは、その愛が途方もなく強く、圧倒的だったと報告している。さらに、そここそが帰るべき故郷であり、宇宙エネルギーの究極の本源であると理解する。それを神と呼ぶ人もいる、キリスト、またはブッダと呼んだ人もいる。だが、全員が一致したのは、それが圧倒的な愛につつまれているということである。あらゆる愛のなかでもっとも純粋な愛、無条件の愛である。何千、何万という人からこの同じ旅の報告を聞くことになったわたしは、だれひとりとして肉体に帰りたいと望まなかったことの理由がよく理解できた[39]。」

ムーディの研究報告も同様です。

「わたしが研究した事例に共通する各要素の中で、最も信じ難く、同時に体験者に対してまぎれもなく絶大な影響を与えているのは、非常に明るい光との出会いである。この光は説明しがたいほどの輝きを見せるのだが、この光で目を痛めたり、まぶしく感じたり、周囲の物を見る妨げになるようなことは全然なかったという点を、多くの体験者が特に指摘している。

しかし、異常な形で出現するにもかかわらず、この光が生命であることに、多少なりとも疑いを抱く人はひとりもいない。この光は単に人格を備えた生命であるばかりでなく、極めて明確な個性を持っている。死へ接近している人に対してこの生命から発散される愛と温情は、ことばでは到底説明しきれないものであり、彼らはこの光の生命に完全に包み込まれ、保護されていることを感じ取り、すっかりくつろぎ、この生命の存在を受け入れる[40]。」

▲反対派～低酸素血症説

臨死体験反対派にみられる説として、光との遭遇などの現象は、低酸素状態における幻覚ではないか、というものがあります。

確かに、死に至る場合呼吸は低下しているので、低酸素状態には当然陥りやすいです。それにより、知覚能力、記憶力、思考能力が低下し、妄想状態がもたらす幻覚を見ることはあるでしょう。しかし、低酸素状態で見る幻覚は、臨死体験に見られるようなものとは全く異なります。

今から約100年近く前、強制的に低酸素状態にし、脳機能変化を見るという凄い実験がなされています。

1920年代、アメリカのY・メンダーソンが行った実験です。彼は、志願者を気密室に入れて、酸素濃度を徐々に下げていく実験を行っています。これは、最終的に被験者は痙攣を起こし、呼吸が停止するまで酸素を減らしていくという極端なものであったのですが、その際、臨死体験のようなクリアな意識を持つ者は誰もいませんでした[41]。

1930年チリの高山でも、長時間低酸素状態に置いたときの人間の肉体的、精神的機能の変化を調べたものもありますが、これも同様に、幻覚はあっても臨死体験で報告されるものとは全く異なるもので、不確かなものばかりでした[42]。

これに対して臨死体験時は、80パーセント〜94・7パーセントの者が「通常よりも明瞭であった」、あるいは「通常と同じくらい明瞭であった」と答えています[43]。

そもそも、「身体状況がこのまま改善しなければ死に至る」と予想されるくらい身体機能が低下している者を「臨死」状態と定義します。その場合、通常意識不明で、呼吸と心拍が停止し、臨床的に死亡している場合もあるくらいです。

臨床的な死亡状態で「意識を伴った経験」をするなど、医学的に考えてそもそもありえません。心臓停止⇒脳への血流停止⇒脳の活動停止（脳電図により脳波フラット、活動停止を測定できている場合もあります）という状態を考えれば、医学的に考えて、臨死状態で何か意味のある体験をするなど想像もできないのです。しかし臨死体験時は、非常に明瞭で、秩序だった本物の体験をしたといいます。

以上より「低酸素血症説」は否定できるものと考えています。

⑹ 天国のような場所

臨死体験者は、光の世界を「天国のような」と表現することが多いです。しかし、そのようにあいまいになるのは、そこで見た現象を言葉であらわすことが非常に難しいからだといいます。

ムーディによれば、多くの臨死体験からの生還者は、自分たちの経験は「実際には言いようがない」、「言葉では伝えられない」と感じているといいます。実際、リングが行った調査でも、60パーセント以上の人が、表現は困難だと述べています[44]。（サザランドも同様の調査結果63パーセント）

その代表的な1例です。

「そうです。なんていうか—そう—今まで経験したことがないようなことなんです。つまり、たぶん、その……うまく伝える言葉がないんです。まあ、その声がどういう声だったか、その……漂っているっていうのがどういう感じだったかいおうとすると、ほんとに……ほんとに奇妙だったとしかいえないんです。言葉で説明するのは難しいんです[45]」

セイボムの調査でも、臨死体験の最中に、美しい風景が広がる世界を見たという者は54パーセントありましたが、以前行ったことのある場所だという者はひとりもいなく、やはり、言葉での表現は困難だと語っています[46]。

▲反対派～薬物説

これらの現象に対して、「治療における薬物の幻覚体験ではないか」という反対意見もあります。たしかに、心肺停止が起こりえる救急の現場では、幻覚ないし妄想体験の原因となる鎮痛剤や鎮静剤が使われることは珍しいことではありません。したがって、臨死体験で起こりえる体験は、薬による幻覚ではないのか、という疑問は必ず出る意見です。しかし、薬による幻覚の場合は、相当部分が、不快、不安を伴う精神異常時と類似する体験です。これに対して、臨死体験は、心地よく、穏やかな体験であり、精神も正常時にほぼ近似します。

そもそも幻覚とは、臨死体験を周到に準備して分析したロナルド・シーベルの言葉を借りれば「個人差があり変化に富んでいて」、「ほとんどが、心的心構え（期待や態度）と状況（身体的、心理的環境）によって決定される」となります[47]。つまり、個々で千差万別の体験をするものなのです。したがって、臨死体験のように、共通してみられる現象そのものが、いわゆる幻覚とは異なるといえます。

そういったとき、「同じ臨死体験でも、現象に差があるではないか」という意見もあるかもしれません。

これに対してムーディはこのように述べています。

「死に瀕している人の臨死体験は、どのくらいの間死んでいたかによって異なるようである。総体的に、死に瀕しただけの人の体験よりも、『臨床的に死んだ』人の体験談のほうがずっと鮮明だし、想定される完全な体験により近い。また、短時間『死んでいた人』よりも、長時間『死んでいた人』のほうが、より深く踏み込んでいくようである[48]」

セイボム博士はさらに統計をだし、詳細に述べています。

(1) 年齢・性別・人種・家族数・教育レベル・職業・宗教・信仰等は臨死体験の有無に一切関係がない

(2) 意識不明となった時間と臨死体験率　意識不明の時間が長い人ほど臨死体験率が高い

意識不明が1分以内ですぐに蘇生したという患者が14名→臨死体験者1名
意識不明が1分から30分の患者が44名→臨死体験者19名
意識不明が30分以上となると、20名のうち13名が臨死体験を経験[49]

つまり、臨死体験の経験の差は、どれだけ、死に近づいたかの差と考えられるのです。

以上を考えると、この体験が薬物の影響であるとはほぼ考えられませんし、また薬物を使用していない状態で、臨死体験を経験している人が多数いることを考えれば、薬物説は否定的にとらえても問題ないと判断します。

(7) 自分の一生を振り返る（走馬灯体験）

(8) 特別な知識に出会い、習得する

天国のような場所で出会った光の生命は、生涯における功績を詳しく振り返るために、その人自身の全生涯をパノラマのように映し出し、人生回顧を行うといいます。時折、漫画やドラマで見る、「死ぬ前にこれまでの人生の映像が見える」という現象です。そしてそこで、これまで考えても来なかったような知識に出会い、習得していきます。

具体例を見ていきましょう。

・ハワード・ストリーム（ノーザン・ケンタッキー大学芸術学部主任教授）

フランスに旅行中、腹膜炎で臨死状態に陥った時の体験

「……（星のような存在に近づいたあと）私の人生回顧がはじまりした。私が生まれたときから、今日までの全人生が、順番にたどられていくのです。私がしてきた利己的な行為、残酷な行為、それにたまにした親切な行為が次々に示され、評価されました。彼らの評価を聞いていると、彼らが何よりも大切にするのは、人間と人間の間の人間らしい関係だということが分かりました。他人に対して、尊敬心と愛情と共感をもった関係を作ることが大切なんです。そういう視点から見ると、私の人生は完全に落第でした。……私はもう地上のあのうす汚れた、悪徳に満ちた、残酷な生活がすっかりいやになっていました。それに比較すると、天の上には愛と善と知識しかありません。永遠にそこにとどまりたくなるのは当然です。しかし彼らは、知ることより実践することが大切だ、愛を知ったら、愛せ、善を知ったら、善をなせと迫り、私に地上に戻ることを納得させせました。

目を開けると、私のまわりで手術の準備がはじまっていました。時間は、土曜日の夜の十時半でした。手術をする医者がたまたま見つかったということでした。私は看護婦に思わずたずねました。『ここは天国じゃないですよね』看護婦はにっこり笑って、『いいえ』といいました。」

〈なお、その後ストリーム氏は、もっぱら追求していたもの〈物欲・名声など〉には目もくれず、臨死体験中におしえられた通り、善なるものを追求し、あらゆる意味で人を助け、社会に奉仕することに自分の人生をささげるというほとんど聖者のような人間になってしまっていました。〉

・鈴木秀子（元聖心女子大学文学部教授、スタンフォード客員教授）

１９８５年、修道院の2階から転落し、5時間近く意識不明の状態で過ごした時の現象。

「私は、空中から下の方を見下ろしていました。かなり高いところにいて、明確な意識を持っています。……私は暖かい気持ちで、下の方に、もう一人の私が、やはり地上から少し浮き上がってまっすぐに立っています。下のもう一人の私を見ながら、『ああ、これで人の目を気にすることから自由になった、これで人との競争からも自由になった、これで人を恐れることからも自由になった』と言い、自由というものを実感しているのです。……完全な自由への甘美な期待が訪れたとき、私はすっと天空に飛翔しました。そして天の一角から生きた光が私を包み込んだのです。輝く金色の光に包まれ、私は自分の全機能が活き活きと最高の状態になり互いに調和しているのを感じました。……光は生命そのものでした。まばゆいほどに輝く黄金の光ですが、けっしてまぶしすぎはせず、私の全存在を包む温かい光でした。

私はその光に包まれて、自分の命が、自分の全存在が、完全な生命そのものによって満たされているのを感じたのです。『これこそ、愛の極致だ』それは動かすことのできない実感です。そして、『これこそ、至福なのだ』と、悟ったのです。私は至福そのものでした。この世界にいつまでもとどまりたいと感じていました。……すると生命の光が、私にこの世に帰るように促したのです。存在そのもの、生命そのものの方が私に言いました。それは言葉ではなく、存在から存在に伝わるような方法によってです。それは愛のあふれるものでした。

『おぼえておきなさい。最も大切なことは、〝愛すること〟と〝知ること〟です』[50]

「体外離脱体験」、「強烈な感情」、「この世のものではない世界との遭遇」、「特別な知識に出会い、習得する」などこれまで示した臨死体験で見られる数々の現象を体験しています。さらに、光からのメッセージも心を打ちます。「愛しなさい」、「学びなさい」という言葉は、ブッダのいう「慈愛」と「叡智」であり、それは悟りといわれる現象と非常に似通っているように思います。

（そして、そのメッセージを受けた彼女はその後、数々の著書と共に、人々を死の恐怖や、苦しみなどから救う活動を行っていくこととなります。）

・飯田史彦（福島大学経営学部元教授）

100ミリリットルを超える大量の脳出血後の臨死体験とされますが、その際の走馬灯体験においても、光から質問されたのは、

「十分に学んできたか」

「十分に愛してきたか」

「十分に使命を果たしてきたか」

の3つのことのみでした[51]。

ここまで、一人一人の体験を見てきましたが、面白いのは、臨死体験者が光から受け取るメッセージが非常に似通っている点です。

我々は皆、さまざまな価値観を持っています。ならば、臨死体験者の中には、「お金」や「出世」、「名声」や「社会的成功」といったものに、価値を置いていた人もいたはずです。しかし、彼らは、共通して「愛すること」と「学ぶこと」の大切さを教えられたと発言します。

また、「自分が誰かを傷つけると、いつか必ず、自分も誰かから同じくらい傷つけられ、逆に自分が誰かを助けてあげると、いつか必ず、自分も誰かから同じように助けてもらえる」というような教えも、学んできます。この考え方は、いわゆる仏教やヒンドゥー教でいわれる、

「因果応報」、「カルマの法則」といわれるものなのですが、臨死体験は、このような宗教的背景の無い、キリスト教圏のアメリカ人からの報告が最も多いというのは興味深いことです。

なお、E・キュブラー・ロスは、この現象を死の第4期ととらえて以下のように述べます。「生還者が『至上の本源』を面前にしたと報告する段階である。これを神と呼ぶ人たちもいる。過去、現在、未来にわたる、すべての知識がそこにあったとしかいえないと報告した人たちも多い。……人はそこで全体性、存在の完全性を経験する。走馬灯のように『ライフ・リヴュー（生涯の回顧）』をおこなうのはこの段階である。自分の人生のすべてを、そこでふり返ることになる。……自分のとった行動が、まったく知らない人もふくめて、他者にどんな影響を与えたのかが、手にとるように分かってくる。ほかにどんな人生を送ることができたのかも示される。あらゆる人のいのちがつながりあい、すべての人の思考や行動が地球上の全生物にさざ波のように影響をおよぼしているさまを、目のまえにみせられる。天国か地獄のような場所だ、とわたしは思った。たぶん、その両方なのだろう。……生還者の報告によれば、『おまえはどんな奉仕をしてきたか』と問われるのはこの段階である。これほど厳しい問いはない。生前に最善の選択をしたかどうかという問いに直面することが要求されるのだ。それに直面し、最後に分かるのは、人生から教訓を学んでいようといまいと、最終的には無条件の愛を身につけなければならないということである。

　生きている以上、だれもが苦しい目にあう。偉大な人もいれば、無価値にみえる人もいる。だが、いかなる人も、わたしたちがそこからなにかを学ぶべき教訓である。わたしたちは選択をつうじてそれを学ぶ。よく生き、したがってよく死ぬためには、自分に『どんな奉仕をしているか』と問いかけながら、無条件の愛という目標をもって選択すればそれでじゅうぶんなのだ。選択は自由であり、自由は神から与えられたものだ。神が与えた自由は成長する自由、愛する自由である[52]」

▲反対派〜作話の疑い

　このような学びを含め、臨死状態で見たり聞いたりしてきたものは、作り話ではないかという疑いは必ず出てきます。また作り話ではないにしても、体験自体を膨らませたり、修飾したりといった改変が加えられているのではないか、という疑問も常に出てくるでしょう。

これに対して、臨死体験の信ぴょう性を確認する方法として、「発言の正確性を確認する」という方法があります。皆さんの中には、嘘を繰り返していると、どんどんと話が矛盾したり、時間がたつと、どのような作り話をしたのか忘れるという経験をしたことがありませんか。臨死体験も同じです。もし臨死体験の報告が、嘘や誇張した話の場合、時間がたつにつれ、その話した内容を忘れ、最初と数年後で内容に大きなズレが生じるはずです。したがって、それを確認するために、臨死体験者の話を、数年後再度確認することでその信ぴょう性をチェックするのです。

・グレイソン博士による長期インタビュー

１９８０年代に臨死体験を経験し、その詳細なコメントが残っている患者、72名に対して、その20年後に、再度臨死体験のインタビューを行い、それぞれにどれほどの一致が見られるかを調査しました。それによれば、臨死体験の内容は20年後もまったく変化なく、詳細に、皆、昨日体験したかのように、生き生きと同じ話を語りました[53]。

・ピム・ヴァン・ロメルによる臨死体験における最大規模の前向き研究（２００１）（訳註：研究を立案、開始してから新たに生じる事象について調査する研究）

これは心停止した臨死体験者に対して、体験直後、２年後、８年後とインタビューを行うものです。これも同様に、２年後はもちろん、８年後も、グレイソンの報告同様、その内容は正確に再現されました[54]。

・サザランドによる子供たちの臨死体験に関する30年分の学術論文の再調査結果

「ごく幼い子供たちの臨死体験は、語彙の少なさのせいで内容が乏しくなるだろうと、よく言われてきた。けれども、臨死体験時点での子供の年齢は、内容の複雑さとはなんの関係もないのは明らかだ。まだ話せない子供たちが、あとになってとても複雑な内容を語るケースもあるほどだ……。年齢は臨死体験の内容にまったく影響しないようである[55]』

このような面白い症例もあります。

・『DYING TO BE ME（邦訳　喜びから人生を生きる～臨死体験が教えてくれたこと　ナチュラルスピリット　２０１３）』の著者アニータ・ムアジャーニの体験です。

アニータは香港で暮らすインド人女性です。悪性リンパ腫により病院で死亡宣告された後、息を吹き返し、その間の臨死体験を記載した本です。

彼女もこれまでの臨死体験者と同様、体外離脱、10年前に亡くなった父や3年前に亡くなった友人のソニとの遭遇、神秘的な存在との出会いなどさまざまな体験をし、多くを学びます。大宇宙は愛で充満していること、この世を生きた命は新しくされ、満たされてあの世で生き続けること、すべての命が繋がっていることなど。しかし、この症例で非常に特殊なことは、ステージⅣB、いわゆる末期と呼ばれるリンパ腫であった彼女の癌細胞が、臨死体験後すべて消えていたことです。

これは、その後、臨死体験に興味のある医師、癌の自然寛解に興味のある医師たちが、アメリカからわざわざ香港までやってきて、病院の診療記録を丹念に調べているのですが、病名、また臨死体験後完全に治癒したことに間違いないと断言しています。

アニータはなぜ臨死体験を通して、治癒したのかに対して、自分が癌になった原因は、怖れであったといいます。失敗すること、人に嫌われること、人をがっかりさせること、十分じゃないことなど、ありとあらゆることを恐れており、これが癌を引き起こしていた、と理解します。しかし臨死体験で、自分は存在するだけで、無条件の愛を受ける価値があること、絶対的な素晴らしさがいつも自分のために存在していることを理解します。それにより恐れがすべて消え、自分の真の魂が輝き始めたとき、癌は消えていました。この奇跡体験が、作話であることはありえないでしょう[56]。

以上より臨死体験を作話と考えるのは非常に困難ではないかと推測されました。

▲反対派～臨死体験はテレビや本から得られた情報ではないか

この疑問に関しても、子供たちの臨死体験が答えてくれます。

メルヴィン・モース博士（小児科医師）は、シアトルの子供病院の過去10年間のカルテをめくって、死に直面しながら奇跡的に助かったという子供たちを24人選び出し、非常に重い病気であったが、死の危険がほとんどなかったという子供121人と比較しました。その結果、奇跡的生還者は、全員が程度の差こそあれ、何らかの臨死体験をしていたのに対して、対照群の重病者の中には、一人も体験者がいませんでした。子供たちは大人に比べて臨死体験の存在を知っているものはほぼ皆無のはずです。また、臨死体験をしていない子供たちから、このような体験が語られないことから、子供が語る体験が創作ではないという証明になるのではないでしょうか[57]。

ちなみに、臨死体験は、今でこそ多くの書物やインターネットなどから得られる知識になっていますが、前述したように、ムーディ医師は、1975年、臨死体験など誰も知らなかった時代に、臨死体験を150例集め、『かいまみた死後の世界』を出版しています。つまり、少なくとも、この本における報告は、どこからか得た知識ではないことになります。

アフリカからの臨死体験報告もあります。ザンビア大学のンサマ・ムンブウェ博士は、アフリカにおける15名の臨死体験者を見つけ出し、調査を行いました。結果は、かれらのほとんどは、テレビもラジオもたず、新聞も読んだことのない素朴な人々であるにもかかわらず、15名の被験者全員が、世界各国の臨死体験者と同じく中核要素を体験していました[58]。

以上の結果より、臨死体験は想像や作話、知識の集約ではないと判断しております。

▲地獄について

E・キュブラー・ロスの死の第4期の説明の中に「地獄」という言葉が出てきました。死について考えたとき、どうしてもこの心配があると思いますので、ここで少し学術的に検討しておきます。

まず、ロス博士がここで述べた「地獄」についてです。これは一般的に皆さんが思い描く血の池地獄や針地獄などではなく、走馬灯体験において、自分の今回の生を振り返るときの苦しみを語っています。

アメリカ人男性の走馬灯体験です。

「……他人や両親に対して自分が行った言動を再体験し、同時に自分が傷つけた相手の気持ちになって、自分の行動を客観的に評価していった。例えば、ベトナム戦争で敵兵を射殺した場面では、実際に私は引き金を引き、ライフルの反動を身体に受けた。一瞬、間をおいてから、彼の頭が吹き飛び、その身体ががっくりと倒れ込んだ。当時、私が実際に目にした光景は、そういうものだった。

ところが回想の時は、私はその北ベトナム軍の大佐の視点から、この事件を体験していた。彼が受けたはずの身体の痛みは感じなかったが、自分の頭が吹き飛ばされたときの彼の混乱と、身体を離れ、もう二度と家には帰れないのだと気づいたときの悲しみを感じとった。そして、感情の連鎖反応が起こり、一家の働き手を失ったと知った時の彼の家族の悲痛までもが伝わってきたのだ。……しかも、自分が直接手を下したわけではなくても、自分が輸送した武器によって多くのベトナム人が殺される光景や、父親が殺されたと知って泣き叫ぶ子供たちの姿を、『光の存在』から見せられた……」

　走馬灯体験の苦しさは、私たちが行った行為、特に愛に反する行為の場合、それが、どれだけの人を苦しめ、悲しませたかの追体験を行わなければならないことです。この例のように、人を殺した場合、殺された人の苦しさはもちろん、その人を失った家族やその周りの人々の苦しみまで体験しなければなりません。これは考えただけでも、地獄に匹敵するような苦しみのように感じます。つまり、ここでいう「地獄」とは、すべて自分が引き起こした現象に対する体験であり、いわゆる宗教的に地獄ではないということです。

　では、ここで心配する宗教的な地獄は本当に存在しないのかを検討します。

　まず、ムーディです。彼はこれまでの調査の中で、宗教的な地獄体験は全くなかったと述べています[59]。同様に、E・キュブラー・ロスもセイボムも、地獄のような経験を連想させる事例は一つも得られなかったと報告します。

　またオシスらの調査でも、臨死体験者100例を詳しく調べていますが、この調査において地獄を見たという例は、アメリカ、インド両国の標本の中で1例のみしかありませんでした。さらに、地獄を見たとするこの1例を詳細に調べたところ、本当の地獄を見たというのではないという結論を出しています。

　その理由です。

①錯乱状態
この症例はロード・アイランド州に住むイタリア生まれの主婦であり、胆嚢の手術後に起こった報告である。彼女は手術後、麻酔から意識が戻った後、「地獄に行った」とわめきちらした。看護婦では対応できず最終的には、この人のお母さんを招き入れなければならないほどの錯乱状態を示した。つまり、麻酔下の意識低下状態時における錯乱状態であった。

②罪の意識
既婚者にもかかわらず、他の男性と関係を持ち、その子供を生んでいるという罪の意識を長く持っていた。

③恐怖心
お姉さんが同じ胆嚢の病気で亡くなっており、かなり強い恐怖心を持っていた。

これらのことから、この症例は、本来の死後世界体験ではなく、錯乱状態及び、罪の意識、不安や恐怖が作り出した幻覚、幻想と考えてもよい症例だと判断し、オシスらも「死後、地獄というものは存在しないのではないだろうか」と推察しています[60]。

これは、日本でも同様です。立花隆氏（臨死体験研究者）も、彼の下に集まった１００を超える臨死体験は、ほぼハッピーな体験だったとしています。また、圧倒的に少ない数のネガティブ体験報告者も、死に対する強い恐怖心をかきたてられて、それ以後、死ぬのは絶対に嫌だと思うようになったという強いネガティブのケースは皆無であり、地獄の業火に焼かれる体験をして、死への恐怖でいっぱいになったというような体験もなかったとしています[61]。
以上より、臨死体験研究では、宗教的地獄は存在しないという結論になっています。

ここまで、臨死の間体験する現象について述べてきました。簡単にまとめるならば

1. 死後、私たちは物理的肉体苦悩から全て解放される
2. 死後、私たちは、必ず先に旅だった最愛の人たち、そして自分を見守り応援し続けてくれた守護天使に会える
3. 死後、私たちは地球では経験したことのない圧倒的な愛にあふれる場所に行くこととなり、**死後の世界は恐ろしいものは何もなく、優しさと幸せに満ちた愛いっぱいの場所である、**ということができます。

●自殺後の臨死体験

臨死体験研究においてこの結論に達した時、非常に重要なテーマが現れます。それは**自殺**

問題です。

死後、物理的肉体苦悩から全て解放され、先だった最愛の人たちに囲まれ、圧倒的な愛にあふれる場所に行き、地獄というものが存在しないのであれば、現在、生きていることが苦しい場合、安易に「自殺」を選択する人が増える危険があります。したがって、これは非常に大切なテーマです。

では、その点について、自殺者の臨死体験研究を通して考えていきたいと思います。

■苦悩に満ちた自殺後の臨死体験

自殺後の臨死体験は、通常の臨死体験者が味わう、愛と優しさに満ちた死後の世界とはまったく異なる、**苦悩に満ちた経過をとる**ことが報告されています。

自殺後の臨死体験を述べたものの中にアンジー・フェニモア著、『臨死体験で見た地獄の情景（同朋舎出版　１９９５）』があります。彼女（作者：アンジー）は、複雑な家庭生活（父の複数回の離婚、実母の精神疾患、継母の虐待など）により、心を病み、生きていることに大きな苦しみを抱えていました。そして、とうとう、その苦しみに耐えられず、２人の子供と、ご主人を残し27歳の若さで命を絶つことを選びます。彼女は、手首を切り、複数の薬を大量に飲むことで自ら命を絶つことを実行しました。

以下に、彼女の自殺後の臨死体験を要約しながら報告したいと思います。

⑴死んだあとすぐに訪れた場所

「ここはどこだろう？　あたりは完全に真っ暗だ。それでも目が慣れてきたのか、光もないのにまわりがはっきり見えた。自分が固い地面のような所に立っているのは分かるが、そこにはなにもない。闇は四方に果てしなく広がっている。闇といっても、ただの闇ではなく、無限の虚空・光なき世界という感じだ。その闇には、それ自体の命と目的があった。闇はすべてをのみこんでいた。

シューッ！突然、すごい音がして、まるでなにかに振り分けられたように、目に見えない正体不明の力で闇の奥へ吸いこまれていった。そしてたどり着いた場所は、闇に浮かぶ薄暗い平面の端で、見渡す限りずっとその平面が続いているところであった。……霧は煙のように濃く、濃密な闇の分子が集まってできているような感じだった。……その霧はわたしに吸いつき、わたしがその力に逆らって動くと、その動きをのみこんでわたしを恐怖と不安に引きずりこんだ。生きているあいだも、日々の務めを果たせなくなるほどの苦悩と絶望にさいなまれ続けたが、周囲から隔絶されたこのときの苦痛といったら、それこそ想像を絶するものだった……。

子供たちに会いたい。すぐにでも家に帰りたい。しかし、そんなことはいくら考えてもむだだった。ここは希望が死んでいく場所なのだ[62]」

これは、アンジーだけの特殊な事例ではありません。

レイモンド・ムーディもまた、自殺未遂者の臨死体験談では、一般の明るく魅力的な臨死体験に対し、まったく異なる体験をすると述べています。ムーディはこれを「闇の体験」と呼びます。真っ暗な大宇宙の真ん中に置かれているような感覚で、アンジー同様、一筋の光も見えず、動こうと思えば動けるが、どれだけ動いても何ものにも遭遇せず、「この世」で経験したことがないほどの淋しさを味わったそうです。そして時間がたつにつれて、この状態が永遠に続くのではないかという絶望感に襲われた、と報告しています[63]。

ケネス・リングは、病気、事故、自殺企図の３つにおける臨死体験の差を報告しています。これによれば、自殺の場合に限り、通常の臨死体験とは異なり、暗闇、あるいは薄暗い虚空を漂い、まごつく感じになった、ほとんどさきへ行かないうちに、終わったと報告しています[64]。

自殺を図る現代人の多くは、挫折感、恥辱感、孤独感、無力感に陥って自殺を考えます。しかし、これらのどの感情よりも自殺後の「闇の体験」の方が圧倒的に淋しく絶望的だったとすべての自殺臨死体験者たちは語ります。そして実際、このような臨死体験を記憶する自殺未遂者のほとんどは、「闇の体験」を恐れて、二度と自殺を試みることなく、生き方を変容させていきます。

例えば、ゴールデン・ゲート・ブリッジから投身自殺を試みて助かった人々を対象に、飛び下りたあとの記憶を調査した研究があります。それによれば、臨死体験をした人は二度と自殺しようとはしなかったが、体験しなかった人では、25パーセント以上が再度の自殺を試みていると報告しています[65]。

他の臨死体験調査においても、自殺後苦しい臨死体験を経験した人たちは、ほぼ全員が自分の行動の過ちを認め、その後自殺を企図することはなかったことが分かっています[66]。自殺未遂の経験のあるものがその後に自殺する比率は、一般人の50倍から100倍にも達することを考えると、この事実がいかにすごいことか理解できます[67]。

つまり、臨死体験研究から、自殺における結論を言えば、**自殺後の死後の世界は、自殺の原因がどのようなものであれ、その苦しみより何十倍も何百倍もつらい体験である**、ということです。したがって、臨死体験研究からは、**現在がどんなに苦しい状況であるとしても、それよりも何十倍何百倍も苦しい体験となる自殺は行うべきではない**、という結論になります。

なお、この自殺問題は非常に重要な項目ですから、再度、後半で取り上げたいと思います。

■身近に自殺した人がいる場合

ここまで読まれた方の中には、自分の周りに自殺者がいる方も少なくないかもしれません。なぜなら、日本は残念ながら世界的に見て自殺の多い国だからです。日本では毎年2万人以上の人々が自ら命を絶っています。（２０１４年度　警視庁発表で２５４２７人）[68]

これは、交通事故の犠牲者の数（２０１４年度警視庁発表で４１１３人[69]）の、およそ6倍にあたります。また、２０１１年に未曽有の大災害を起こした東日本大震災の死者数１９４１８名（直接の死者数１５８９４名＋行方不明者２５６２名＋震災関連死９６２名２０１６年消防庁報告）よりも多い計算です。そして、この自殺により、精神的打撃を受ける人は、自殺行動一件当たり最低５人はいるといわれます。

つまり2万5千人の自殺により、最低12万5千人の残された人たちが苦しみ、さらにそれが10年以上続いていますから、日本では数百万人が自殺にかかわる苦しみを抱えていることになります。その苦しみの中、さらに自殺をした自分の大切な人が、永遠に闇の体験を抱えると思った場合、どれほど心を痛めるかと思います。しかし、臨死体験研究によれば、闇の体験に陥ってしまった自殺者であっても、光（神）はその人を見捨てたりすることはないことが分かっています。

▲暗闇体験をしたアンジーと光の遭遇

自殺における臨死体験をしたアンジーの、暗闇体験で絶望したその後をもう少し見ていきましょう。

「……そのとき、すさまじい力にあふれた声が聞こえてきた。大声ではないが、津波のような音の衝撃に襲われたのだ。その声は、たった一語で世界を滅ぼすほどの猛烈な怒りを秘めていたが、同時に、太陽のような深くゆるぎない愛も含んでおり、地上の生き物を成長させる力ももっていることが分かった。

『おまえは本当にこれを望んでいるのか?』大いなる声は、最初は針の先ほどの光から発していたが、その光は一語一語が響きわたるごとに大きくなり、ついには、わたしが閉じこめられている牢獄の黒い霧の壁の真上で、太陽のようにさんさんと照り輝くまでになった……。

『もちろん、家族や、わたしを愛してくれる人たちと別れることなど、望んではいなかった。だが、ほかに道がなかった。自分にとって大切と思えることは、なに一つうまくいかなかった。生き方を変えようと努力もしましたが、結果は悲惨なものでした。つまり、望むか望まないかではなく、できるかできないかの問題でした。わたしには成功はできないし、失敗の痛みにはもう耐えられません。この暗い牢獄が、わたしの居場所としてしょうがないのでしょう』

するとと今度は、神の声が恐ろしい力をともなって炸裂した。

『おまえは、なし得るかぎりの最悪のことをしたのだ。それが分からないのか？』

『でも自殺したときは、身動きがとれないという感じだったんです。とにかく、これ以上害を及ぼさないためには、死ぬしかないと思ったのです。わたしの人生はとても苦しくて、この選択は仕方なかったんです』

わたしの考えはすごい速さで伝わったので、考え終わる前にもう神の答えが聞こえていた。

『あれが苦しかったというのか？　あんなものは、自殺したあとにおまえを待ち受けている苦しみにくらべればなんでもない』」

さらに、その場において、アンジーは多くの真理を学んでいきます。自然の法則や物理の法則があるように、魂の法則というものがあること。人を傷つけたときは、その代償として必ず苦しみを受けること。人間はみなどこかで他人と結びついており、一人が網を切れば、何百万という人の人生が劇的に変わってしまう可能性があること。一人が好ましくない決断をすれば、その影響が世界中の人の心に広がること、などを理解していきます。

特に自分自身の自殺で、2人の息子たちが深刻な影響を受けることを、二人の未来を少しだけ見せてもらうことで知ります。長男のアレックスは本来多くの人の人生に大きくかかわる重要な役目を与えられていたのに、母アンジーの死により、打ちのめされ、心の中の希望や善意をすべてつぶしてしまっていました。また、二男のジェイコブも同様に母の死に苦しむ未来が見せられました。

自分の自殺の影響がどれだけの人を苦しめるか。そして自殺という行為の代償がどれほど大きいものなのかを理解するのです。

ちなみにこの法則は、悪いことだけでなく、良いことでも同じようです。

「神は他人の影響については、次のように説明された。繁殖力というのは、あらゆるものに備わっている。裏庭に生えるタンポポのような雑草にも、繁殖力はある。タンポポ一輪なら別に害にはならないが、それを長いこと放っておけば、種が散る。その種からまたタンポポが生え、それがまた種を散らすという具合に、同じサイクルがどんどんくり返される。このパターンは精神世界にもあてはまる。だれかが表現してくれた愛は、人の魂に根をおろし、成長し、花をつけ、種を作る。その種は、それぞれの人がかかわった人々の人生に散らばる。その一方で、悪い草も同じようにどんどんと大きくなっていく。そしてそれを育てているのは、誰でもない、自分自身の暗いエネルギーなのである。だから、許せと。他人に虐げられても、相手を許すことは出来る。難しいが不可能ではない。

善を選ぶことによって精神的に進歩するという方法は、はるかな昔に始まり、未来永劫続いていくものだったのだ。わたしたちは永遠の生き物なので、すべてが終わってしまう完全な死というものはない。わたしたちは、死んだあと、再び生きることになるが、次にどこで生きるかは、死ぬまでにどう行動したかで決まる。愛そうとする意志をもてば、心に生まれる光もそれだけふえてくるのだ……[70]」

その後、アンジーは、この世に戻ってきます。もちろん、その後も苦しいことはたくさんあります。しかし、彼女はその後、決して自殺をしようとすることはなく、自分のできる精一杯の愛を行動に移し、生きていくのです。

これは、アンジーだけではなく、多くの自殺未遂者も同様です。

「おそらく自殺したとしても、今抱えている問題と同じ問題を抱えることになるんですよ。……自分で自分を殺したら、それ（生きてやり遂げなければならなかったこと）が達成できないんです。そのため、罰せられることになるのです」

「自殺することは馬鹿げている。なぜなら、同じこと、同じ苦しみを受けなければならなくなるっていうことが分かるところまで行ったからです[71]」

以上の結果から、自殺は改めて間違った選択であることが分かります。と同時に、自殺後、闇の体験は待ち受けてはいるものの、光（神）は、その魂を見捨てることはなく、常に見守っていることも分かります。ただし、自殺した魂たちは、死後、自殺という行為の愚かさに気が付き、その後悔から自分の心を閉ざしてしまうためすぐそばに光がいても、その光に気が付かないのだそうです。

そんな苦しい魂たちに対して、特に身内に自殺者がいる場合は、

「暗闇体験を少しでも短くし、1日でも早く光の世界に帰還させてあげたい」

と願うでしょう。では、どうすればその願いはかなうのでしょうか。その願いが叶う方法はあるのでしょうか。

▲自殺者が身内にいる場合に出来ること

臨死体験において、当人の願いとは無関係に、他の人間の愛や祈りの力によって、現世にひき戻されたような感じがすると語っている体験者がいます。

「わたしは年取った病気の伯母と一緒に暮らしていました。わたしは伯母の看病の手伝いをしていました。家族全員が伯母の回復をいつも祈っていました。何度か伯母は呼吸停止状態に陥りましたが、その度に、伯母は生き返りました。とうとうある日、伯母がわたしを見つめて、『ジョアン、わたしはあの世に行っていたのよ。とても美しいところだったわ。わ

たしはあそこに留まりたいのに、わたしがみんなと一緒にいられるように、みんなが祈り続けているかぎりだめだわ。みんなの祈りの力が、わたしをこの世に引き止めているのよ。お願いだからもうお祈りはやめてちょうだい』と言いました。わたしたちは祈るのを止めました。すると間もなく、伯母は息をひきとりました[72]」

また、自殺による臨死体験で暗闇体験を報告したアンジーもまた、自殺後の苦しみから救われる方法として祈りを上げています。

「……これ（自殺を含めた闇体験）に対して、体に光を集める最も良い方法が『祈り』であると告げられた。わたしたちが、他人のために祈るとき、その祈りが相手の人生にどれほどよい影響を与えるか知らずにいることが多い。しかし、祈りのことばは必ず神に届いている。祈りに対する神の答えを見たり聞いたりする力は、強まったり弱まったりするが、神はいつでもわたしたちに語りかけている……（アンジーはこれを知って以来、闇の世界にとらわれている人たちのためによく祈ると述べる）」

「祈り」

これこそが、自殺した魂のために私たちのできる唯一の、そして最強の方法なのです。

どうか、亡くなった魂の冥福を祈ってあげてください。

「１日でも早く、大切な人の魂が最善の状態に戻りますように」と。

▲祈りの力

私たち日本人の多くが、特定の宗教を持っていないため、「祈り」という行為が習慣化されておらず、その力を理解していない人が大半だと思います。しかし、祈りの研究は米国を中心に行われており、いくつかの結果が示されています。その元祖が、元カリフォルニア大学の心臓学教授であったランドルフ・ビルドが行った祈りの研究です。

彼は心臓治療ユニットに入院した393人の患者を、「祈ってもらうグループ：192人（A群）」、「祈ってもらわないグループ：201人（B群）」の二つのグループに振り分けました。（ちなみに患者たちは自らが祈ってもらっている事を知らない）

次に「祈ってもらうグループ」に対し「祈ってくれる人たち」を全国のローマ・カトリックとプロテスタントの教会から募集し、一人の患者に対して5～7人を割り当てました。「祈ってくれる人たち」には患者の名前と病状を教え、その人たちのために毎日祈ってくれるように依頼しました。但し、祈り方については何の指示も与えず、それぞれの祈り方にまかせておきました。

結果は驚くべきものでした。祈ってもらった、A群の方が、祈ってもらわなかった患者たちB群に比べて、経過が非常に良かったのです。

1. A群はB群に比べて抗生物質を必要とした患者が5分の1
2. A群はB群に比べて、心臓疾患により肺気腫になった患者が3分の1
3. A群は、喉に人工気道を確保する気管内挿管を必要とする患者はいなかったが、B群では12人の患者が必要となった。（すべてに統計学上有意差あり）

この実験によって「祈る」という行為が、何百マイルも離れた患者の症状に影響を及ぼすことができるということが明らかになったのです。この実験の方法と結果について、ウイリアム・ノーラン医学博士は「この研究は精査に耐えうるものだ。おそらく我々医師は『1日3回祈ること』と処方箋に書くべきなのだろう。祈りは効くのである」と述べています。

ミズーリ州の病院でも心臓発作を起こした入院中の男女1000人の患者において、4週間にわたり毎日、祈られたほうの患者は、そうでない患者グループより10パーセント回復率が高かったことが報告されています。

このように、祈りは時空を超えて効果を発揮することが、医学的にも証明されつつあるのです。とするならば、自殺した人たちのことを考え、祈れば、それは時空を超えて、大いなる助けになるはずです。

では、どのような祈り方がよいのでしょうか。

米国に10年以上にわたり、祈りの効果を客観的に研究しているスピンドリフトという組織があります。そこでは麦や大豆の発芽と祈りの関係を実験して、祈り方や祈りの時間の長さなど、効果ある「祈りの方法」について調査をしています。

その結果です。

1. 祈りは実現する

麦の発芽の実験で、祈られたグループの種子のほうの発芽率がはるかに高かった。（何度実験しても同じ＝再現性がある）

2. 苦しい時ほど祈りの効果が上がる

発芽しにくいように、麦の種を浸している水に塩分を加える実験で、塩分の濃度を増やすほど（つまりストレスを多く与えるほど）祈りの効果が大きかった＝つらい、不幸な境遇にあるときほど、祈りの効果は大きい。

3. 祈りの量は祈りの効果と比例する

麦の発芽の実験で、祈る時間を2倍にした場合は、発芽率が2倍になった＝祈りの効果は量に比例する。

4. 対象を明確にした祈りが効果的

祈りが効果を持つためには、誰に対して祈るか、或いは何に対して祈るかと、はっきり祈りの対象を明確にして、祈るほど、祈りの効果がある＝ただ漠然と祈るよりも、「病気のAさん、Bさん」、「自殺をしたCさん」と一人一人を意識しながら祈るほうが効果は大きい。

５．祈りの対象の数が増えても効果は減らない
例えば種子を用いた実験では、種子の数が多くても少なくても、結果は同じだった＝祈りの対象数がいくら増えても祈りの効果は変わらない。

６．祈りの経験の長い人ほど祈りの効果が大きい
実験によって、祈りの経験の長い人のほうが、短い人よりも大きな効果を生むということが分かった＝ふだんからお祈りを習慣化している人の祈りのほうが、はるかに効果が高い。その意味では、神主や僧侶、神父、牧師さんの祈りの効果は大きいといえる。

７．「無指示的な祈り」は、「指示的な祈り」より効果が大きい
「指示的な祈り」とは、例えば、癌が治癒すること、苦痛が消えることなど、祈る人が特定の目標やイメージを心に抱いて祈ること。いわば祈る人は宇宙に「こうしてくれ」と注文をつける祈り方。これに対して無指示的な祈りとは、結果を想像したり、注文したりせずに、ただ、**「最良の結果になってください」**とか**「神の御心のままにしてください」**と宇宙を信じてお任せする祈り方。実験結果では、「指示的な祈り」と「無指示的な祈り」のどちらも効果は上がったが、「無指示的な祈り」のほうが「指示的な祈り」の２倍以上

の効果をもたらした。

以上を踏まえて、スピンドリフトの研究者たちは、このように述べています。

「科学的な見地から見れば、どうすべきかを知っている『力』が存在するという事実は衝撃的です[73]」

以上、祈りの力は、科学的な調査によっても証明されています。ならば、自殺した魂にも、この祈りの力は間違いなく届くはずです。また、私たちの人生において「祈るしかない」という場面は必ずありますます。このような時に祈りの効果を知っておくことは、大きな力になります。

どうか、自殺してしまった魂が、1日でも早く、光の世界に戻ることが出来ますように。

⑼ この世への帰還〜大きく変わる生き方

▲死の恐怖の減弱

臨死体験後にまず見られるのは、死に対する恐怖の減弱です。

多くの臨死体験者は、死に対してこのように述べています。

「私はもう死ぬのが怖くない。今では死後の世界があることを知っている。この世でなすべきことをすれば、素晴らしい死後の世界が待っているのだ」

死の恐怖	臨死体験あり　61名	臨死体験なし　45名
増加	0	5
不変	11	39
減少	50	1

74　臨死状態が死に対する恐怖心に及ぼす影響（セイボム）

「臨死体験でもっとも重要なことは、私がもはや死を恐れていないことだ」

「あれは死ではない。もう一つの生だ」

「死ぬのは怖くない。別の次元に行くようなものだからだ。私は人が死んでもそれほど悲しいとは思わない」

「社会が死を恐れているから、人間は死を恐れるようになるのだ。これは残念なことだ。ほんとうはとてもすばらしいことなのに」

セイボムの報告でも、瀕死の状態から臨死体験を経験して生き返った人々は、臨死体験がなかった患者たちに比べて死への恐怖は大きく低下していました。（$p < 0.001$）（上表）

サザランドの調査でも同様で、臨死体験前、66パーセントの人に存在した死の恐怖が、臨死体験後には2パーセント、つまり98パーセントの人が死後の恐怖は全くなくなったとコメントしています[75]。臨死体験により、**死後も生が続くことを信じられるようになった**からでしょう。

サザランドは、臨死体験者たちに死後生を信じるかも尋ねていますが、

なんと100パーセントが死後生を信じると回答しています[76]。（リング　96パーセント）

これは、調査国であるオーストラリアの一般人を母集団とした調査において59パーセントが信じると見積もられていることを踏まえても突出して高い数値であることが分かります[77]。

だからといって、臨死体験者たちは決して死にたがっているわけではありません。彼らはきっぱりとそう断言しています。なぜなら、死の恐怖が薄れるのと同時に、生き方そのものが変わるからです。人生には目的があり、自分はある目標を達成するために生きているのだ、と考えるようになるからです。

33歳の誕生日の直後に重篤な心臓発作を起こし、臨死体験をした男性はこのように述べています。

「あれ〔臨死体験〕のおかげで人生全体がすっかり変わってしまいましたね。……僕はいろいろなことをくよくよ心配するタイプの人間で、出世ばかり考えていたんです。生活を安定させようとして、働きバチになってお金をもっともっと稼ごうとしていたんです。でも、そういうことはもうしていません。……自分の人生は他の人の人生とは同じじゃないってことが分かったんです。これからは、今までしてこなかったことをするつもりですし、喜んでするつもりです。自分が行くところがどこか分かっていますから、死ぬことについてもう思い悩む必要はないわけです。……[78]。」

また、臨死体験者は、死後の世界だけでなく、その後の生まれ変わり（輪廻転生）も肯定するようになります。サザランドの調査において、臨死体験後、実に78パーセントもの人が、生まれ変わりを信じるようになっています[79]。（リング調査60パーセント）これは調査国オーストラリア、アメリカの大多数が輪廻転生という概念のないキリスト教系の国であることを考えれば、突出した数字と考えられます。

このように、臨死体験者たちに共通してみられる、死後世界、及び生まれ変わりの確信体験に対して、セイボム博士（エモリー大学心臓学教室）は、次のように結論づけています。

「その人の人生に、死と来世に対する新しい考え方が定着すると、毎日毎日を一生懸命に生きようとする気持ちがあらわれることが多い。末期状態にある患者や死を目前にした患者がこのような気持ちを抱くと、今、この時を精一杯生きようという気持ちになり、死や未知なるものに対する恐怖にとらわれることがなくなるのである。臨死体験をしたからといって、現実の死が迫ってくることを否定したり、一刻もはやく死にたいと願ったりするようになるわけではない。むしろ逆に、生や死を理屈ぬきで受け入れることができるようになり、その結果、生きる意志があらためて強化されるのである[80]」

以上の体験により、臨死体験者たちは、復活後、死を恐れることはなくなり、愛のある生を、そして成長のある毎日を懸命に生きようとする姿が見て取れるようになります。

▲死に直面した時の対応の変化

臨死体験者たちは、自分の死だけでなく、他人の死に対する感情にも変化が出てきます。本来、人は愛する人や家族を亡くすと、9段階の悲嘆プロセスを経験するといわれます。

1. 精神的打撃と麻痺状態

愛する人を亡くした衝撃によって、一次的に現実感覚が麻痺状態に陥り、頭の中が真空になって、何も分からない状態になる。あまり長く続くと、健康上の危険が迫る

2. 否認

感情、理性共に、相手の死の事実を受け入れない

3. パニック

4. 怒りと不当感

ショックが治まると、悲しみと同時に、不当な苦しみを負わされたという激しい怒りがわき起こる

5. 敵意と恨み

周囲の人々や亡くなった人に対して、敵意や恨みという形でやり場のない感情をぶつける

6. 罪悪感

過去の行いを悔やみ、自分を責める

7. 空想形成、幻想
亡くなった人がまだ生きていると思い込み、実生活でもそのようにふるまう
8. 孤独感と抑欝
9. 精神的混乱と無関心
日々の生活の目標を見失った空虚さから、どうしていいか分からなくなり、全くやる気をなくした状態に陥る[81]

このように、身近な人の死は、残された人々の心に非常に大きな苦しみや怒り、孤独感など負の精神状態を引き起こします。

しかし、死後世界を理解した臨死体験者の多くは、近親者や友人という身近な死でさえ悲嘆に打ちひしがれなくなります。

◉大の親友の葬儀に参列した臨死体験者

「みんなは泣いていましたけど、私は穏やかな気持ちでした。あなたがどこにいてどんな体験をしているのか、私には分かっているのよと考えていたんです。彼のことはあれでよかったと思いましたし、悲しくはありませんでした。」

◉母親を失った臨死体験者

「母は六週間前に大きな発作をおこして、二週間前、亡くなりました。身体が麻痺してしまってほとんど眼も見えず、まともに話もできなくなって、本当に人の見分けもつかない状態でした。……母はほとんど一種の昏睡状態でしたが、7月17日にとうとう身体を手放しました。苦しみもせず、安らかに逝きました。みすぼらしい古びた身体を捨てて、どんなにか嬉しかったことでしょう！[82]」

◉ベトナムで地雷を踏みつけ、両足と片手を失った時に臨死体験をした帰還兵

「〈臨死体験後〉人の葬式には行かなくなりました。お花をあげることもありませんし、遺族の方にお悔やみを言ったりもしないんです。誰かが亡くなったと聞くと、それはよかったと言うんですよ。人が死んだ時には、パーティーしてお祝いしてもいいんじゃないでしょうかね。……死んだら幸せな世界に入って、気持ちがよくなるんですから……[83]」

このように臨死体験は、自分の死だけでなく、周りの死をも、肯定的にとらえることが出来るようになるようです。

▲大きく変わる生き方

臨死体験は、死に対してだけでなく、生に対しても大きな変化を与えます。

◉ジェームズ（十代後半の黒人）

彼はイースト・セントルイスの計画住宅で生まれ育ちました。彼が自分で認めているように、そこは、暴力団の対立抗争に巻き込まれたり、麻薬の密売に手を染めたりしていたとしても、何の不思議もないような環境でした。実際、彼の友人はほとんどがそうしていました。しかし、悪の道に誘い込もうとする友人の執拗な圧力にもめげず、ジェームズは道を踏み外さずにいます。それは、９歳のとき、プールにおぼれ、臨死体験をしたためだといいます。

「ぼくはずっと、あれは夢だったんだと思っていた。でも、臨死体験の話を聞いたとき、ぼくの経験したのはこれだったんだと分かって、気持ちが楽になった。ぼくは自分が変わったことに気がついていた。前みたいに、気晴らしにだれかをやっつけようなんて思わなくなったからね。ぼくはいま、人生をありのままに見ている。のらくらして人生をむだにするなんてもったいないよ。このままここで、暴力団の縄張り争いとか、貧困とか、そんなことで一生を終わりたくない。ぼくは神の存在を信じてる。溺れかけたときに、ぼくを体から引き上げて安全な場所に移してくれたのは神だと思う[84]」

その他、人生回顧において、気づきを得た人々のコメントの抜粋をします。

「ひとつひとつの小さな決断や選択が世界中に影響を与えるという事を初めて理解した」

「人を愛するチャンスは一度逃がしても、またぐってくることを知った」

「ずっと忘れていたことも含めて、人生のすべてが意味をなしていた」

「できる限り他人に親切にすれば、自分にも、自分が出会うすべての人にも、素晴らしい結果が訪れる。自分がされてうれしいことを他人にもしなければならない。私たちが毎日出会うのは、自分が姿を変えて現れた人々なのだ」

「私の人生観や、大切にするものは変わった。経験や他人とのかかわり、とりわけ家族とのかかわりは、重要度を増した」

「辛抱強くなかった私が、今では我慢できるようになった。それまでなかった判断力も身につけた。人の気持ちが分かるようになり、この世で完璧な人間などいないことを知った」

「彼ら（光）が何より大切にするのは、人間と人間の間の人間らしい関係だということが分かりました。他人に対して、尊敬心と愛情と共感をもった関係を作ることが大切なんです[85]」

「私はこの臨死体験で、『私たちは他人を助けることでしか幸せになれない』ことが分かりました。ですから、今はできるだけ人の助けになるようにしています。実際に、今の私の生活はまったく質素です。そして、心から自由を感じています。……私たちは他人を助けることでしか幸せになれない。誰かが道を渡るのを手伝うといった、ちょっとしたことでもいいのです。それがこの臨死体験から得られた教訓です[86]」

また、自分の行動に対して、自殺後臨死体験したアンジーの体験同様「自業自得の原則」というべきしくみについて、貴重な教訓を見せられた臨死体験者もいます。

「そこには、人を傷つけてばかりいた私の姿がありました。そして、私が傷つけた人たちが、今度は別の人を同じように傷つけている姿がありました。この被害者の連鎖は、ドミノ倒しのように続いていって、またふり出しに戻ってくるのです。そして最後のドミノは、もともとの加害者である私だったのです。ドミノの波は、向こうへ行ったかと思うと、また戻ってきます。思わぬところで、思わぬ人を私は苦しめていました。心の痛みが、耐えられないほど大きくなっていきました[87]」

この証言は、アンジーの体験同様、人生という学びの機会を通じて、いわゆる「因果関係」の法則が働いていることを示唆します。つまり、「自分が誰かを傷つけると、いつか必ず、自分も誰かから同じくらい傷つけられ、逆に自分が誰かを助けてあげると、いつか必ず、自分も誰かから同じように助けてもらえる」、という法則です。これは、仏教やヒンドゥー教

でいわれる、「因果応報」、「カルマの法則」というものを示唆する体験です。（詳しくは過去生療法で再検討）

以上の変容に対して、オランダの医学研究者ビム・ヴァン・ロメルは以下のようにまとめて報告します。

「臨死体験をした患者は、死を恐れなくなり、死後の世界を信じる気持ちが強まり、人生で重要なものを見きわめる洞察力が変化した。重要なものとはつまり、自分や、他人や、自然に対する愛と思いやりである。彼らは今では、人が誰かに対してしたことは、すべて最終的に自分に戻ってくるという、宇宙の法則を理解していた。愛や思いやりだけではなく、憎しみや暴力も同様である。また、直観が強くなる兆候も著しい。ほんの数分足らずの体験が、長く続く影響力を持つということは、意外な発見だった[88]」

この変化を統計的に見た研究もあります。

アメリカの研究者、アウトウォーターによれば、700人の臨死体験者のインタビューにより得られた結果として、臨死体験によって人生に「大きな変化が生じた」のは60パーセント、「以前と同じ生活は不可能」なほどに大幅に人生が変化した人は19パーセント、合計79パーセントもの人の人生と意識が、臨死体験後激変したと報告しました。

具体的な変化とすると

1. 自己の価値が高まった～87パーセント（78パーセント）
2. 人生における目的意識が高まった～89パーセント（88パーセント）
3. 他人を手助けしたいという気持ちが高まった～83パーセント（88パーセント）
4. 人に対して寛容になる～66パーセント（85パーセント）
5. 物をほしがる気持ち（物質的成功）が減少した～90パーセント（50パーセント）
6. 食事などライフスタイルを注意するようになった～85パーセント

データはサザランドとリングの調査結果です。最初の数字がサザランド、カッコ内がリングの結果を示しています[89,90]。

そして実際の行動変化を、メルヴィン・モース（ワシントン大学教授）は以下のように集約して報告します。

「たとえば、臨死体験者はふつうの人々よりもよく運動をし、新鮮な果物や野菜を多くとり、アスピリンなどの売薬はあまり使わない。また、対照群にくらべて心身症的な症状を示すことはまれで、仕事を休むことは少なく、失業期間も短い。さらに、ほかのどの対照群よりも、隠れた抑うつや不安症状が少ない。独りでできる趣味や瞑想などに当てる時間が長い。……ボランティア活動に参加して社会に奉仕しようとする傾向が強く、慈善活動にも多くの寄付をしている。また、看護や特殊教育など、人道的な職業に就いている者が多い。光の体験には、人々をこうした職業に向かわせる力があるらしい[91]」

またメルヴィン・モースは、このようにも述べています。

「これまでに調査した中で、臨死から戻ってきたあと、金持ちになろうとか、家族を忘れても仕事に没頭してやろうと考えている人には、出会ったことがない。もっと自己中心的でもいいとか、貪欲でもいいと思っている人もめったにいない。それどころか、みんな、『もっと人を愛し、親切にしなくてはならない』と確信するようになっている。自分の体験をもとに、『人生を十二分に生きよう』という反応を示す。『自分の人生には目的がある』と信じており、その目的には必ず、家族への愛や、他人の役に立つことなどが含まれている。彼らは、生きているあいだに人に与える愛が、彼ら自身が死んだ時に自分に戻ってくることを知っているのである[92]」

最後に、臨死体験における学びをムーディの言葉を借りて整理したいと思います。

臨死体験の学び

1. 死に対する不安が減少する
2. 愛の大切さに気づく
3. 宇宙に存在する一切のものとつながっているという感じをもつようになる

4．学ぶことの大切さを認識する
5．自らの生き方に対してこれまで以上に責任を感じるようになる
6．人間の命は短くはかないが尊いものであり、それに対し人間はあまりに莫大な破壊力を手にしてしまったという〝危機感〟を持つようになる
7．世俗的・物質的な事柄よりも霊的な事柄に関心を持つようになる[93]

以上、臨死体験における死後世界についてお話ししました。続いて、過去生療法という視点から、死後の世界を見ていきたいと思います。

第3章
過去生療法

●過去生療法とは

過去生療法（退行催眠の一種）とは、催眠を利用した心理療法の一つです。今生に影響を与えている過去生の記憶を、潜在意識の中から浮かび上がらせ、現在の問題の解消を図り、深い癒しを得る治療法です。

●過去生療法は偶然から始まった治療方法

実は、過去生療法は、「過去生（前世）がある」という思想からスタートしたものではなく、偶然に見つけられた治療法だといわれています。その意味を説明するために、ここで少し催眠についてのお話をさせてください。

本来の催眠（古典催眠）の世界では、催眠療法といえば「暗示療法」が中心でした。催眠状態（深いリラックス状態）により、暗示やイメージを送り込みやすい状態を作り、禁煙やダイエットなど習慣を変えたり、自分自身に自信をつけたりする場合に使われてきました。

その後、20世紀に入り、新たな催眠テクニックとして「年齢退行療法」が確立されます。これは、患者が抱えている問題の原因となる出来事を、子供のころまで退行して探し、幼少期のトラウマを取り除くと同時に、悩みや病気の原因になっているコア・ビリーフ（その人の核となる信念や考え方）に気づくことを目的にしたものです。

例えば、私が経験したどうしても母との関係がうまくいかないことを悩んでいた患者の例です。年齢退行催眠により、3歳の時弟が生まれ、自分が母に冷たく扱われたと感じたことが、母との亀裂のきっかけであることが分かりました。（このことを患者は全く覚えてはいませんでした）。このように、ある現象（ここでは母との確執）に対して、きちんと原因を把握（弟に母を取られたと感じたさみしい気持ち）すると、「なんだ、そんなことが自分と母の亀裂の原因だったのか」と分かり、現在の関係が修復されていくのです。（さらにそこから、催眠下で母と対話したり、子供時代の自分を抱きしめて癒してあげたり、必要に応じて子供のころの記憶を書き換え、思い込みを開放し、自分自身を癒していくなどのテクニックも併用します）

では、過去生療法とはどういうものなのでしょうか。

最初にお話ししたように、キリスト教の中には過去生（前世）、生まれ変わり（輪廻転生）という思想はありません。したがって、この治療の中心国の一つであるアメリカでは、通常催眠療法士たちは、「過去生（前世）」というものの存在を信じていませんし、そのような概念すら、もっていませんでした。

ブライアン・ワイス博士（米国マイアミ大学医学部精神科教授）もその一人でした。彼が行う催眠療法も当初は、あくまでもトラウマの原因は現世であり、年齢退行だけが唯一、トラウマを探索するための療法でした。

しかし、このワイス博士は今では、世界的な過去生療法の治療家となっています。なぜ、過去生という存在すら信じていなかった博士が、そのように変わっていったのか、博士の世界的ベストセラー『Many Lives, Many Masters（邦題『前世療法』・ＰＨＰ文庫１９８８）』から、紐解いていきましょう。

●ワイス博士の過去生療法との出会い

ワイス博士と過去生療法との出会いは、水恐怖、飛行機恐怖、暗闇恐怖、死の恐怖などさまざまな心身疾患を持つキャサリンがスタートでした。彼女に対して、博士は当初、一般的な西洋医学的な治療（抗不安薬など）を開始しました。しかし彼女の症状は悪くなる一方で改善は全く見られませんでした。

博士は、次の手段として年齢退行を試みます。しかし、2歳まで戻ってみても、原因となる出来事は見られませんでした。そこで、博士は、次に、時期を特定せずにこのように指示をしました。

「あなたの症状の原因となったときまで戻りなさい」（本来年齢退行においてはセラピストが戻る年齢を指定します）

この時、今回のテーマである「過去生」が突如として現れます。

以下は、キャサリンが過去に戻った場面の抜粋です。

「そのあと起こったことに対して、私はまったく心の用意ができていなかった。

『建物に向かって、白い階段が見えます。柱のたくさんある白い大きな建物で、前の方はあいています。入口はありません．私は長いドレスを着ています。……ごわごわした布でできた袋のような服です。私の髪は長い金髪で、編んでいます』

私は何が何だか、分からなかった。一体何が起こっているのだろう？　それはいつのことで、あなたの名前は何というのかと、私は彼女に質問した。

『アロンダ……、私は十八歳です。建物の前に市場が見えます。……時代は紀元前一八六三年です。』

私はびっくりした。胃がキュッとちぢみ、部屋の中がとても寒く感じられた。彼女の見ているビジョンや思い出は、非常にはっきりしているようだった。あやふやな所はまったくなかった。名前、時代、着ているもの、木、すべてがありありとしていた。何が起こっているのだろう？……私はますますわけが分からなくなった。それまで、何千人も精神病の患者を診てきたし、催眠療法も数え切れないほど行ったが、こんなに見事な幻想には、夢の中の場合でさえ、一度も出合ったことはなかった[1]」

ここで大切なことは、博士は「過去生に戻りなさい」と直接暗示を与えてはいない点です。博士は、保守的なユダヤ教の教会に属するクリスチャンであり、また患者であるキャサリンもカトリック教徒であるため、生まれ変わり（輪廻転生）という考え方はお互いに持っていません。これはキリスト教が宗教母体である米国人の基本的な思想です。つまり、医師も、患者も「過去生（前世）」があるとは全く思っていない中で、「過去生」を体験しているのです。

このことは、この体験が空想や想像とは一線を画すと思われる点です。

なお、退行催眠の大家であるグレン・ウィリストンも退行催眠療法の成否は、生まれ変わりを信じる、信じないは全く関係ないと述べています[2]。

さらにワイス博士が行ったキャサリンの治療の続きを見ていきましょう。

アロンダの過去生として述べた死ぬ場面の様子です。

「『大きな波が木を押し倒してゆきます。どこにも逃げ場がありません。冷たい。水がとても冷たい。子供を助けないと。でも、だめ……息ができない、飲み込めない……塩水で。赤ん坊が私の腕からもぎ取られていってしまった』

キャサリンはあえぎ、息ができなかった。突然、彼女の体がぐったりとして呼吸が深く、安らかになった。

『雲が見えます。……私の赤ん坊も一緒にいます。村の人たちも。私の兄もいます』

そう、これが、キャサリンが現世、水を怖がる理由となった過去生だったのである。つまり彼女は、前世における重要な出来事を十分に再体験したのである。

その結果、キャサリンは、子供のころからずっと持ち続けた水に対する恐怖がすっかりなくなったのである[3]」

この後も、キャサリンは多くの前世を思い出し、トラウマの原因を体験するたびに、抱えていた現世における問題が解消されていきました。そして、キャサリンは病気からすっかり回復してしまいます。

それでも、この時点で、博士はまだ前世にとても慎重な姿勢をとっており、この本のエピローグでも、「私は他の患者に退行催眠（過去生療法）をおこなうかどうかについてとても慎重である」と述べています。それは、当然でしょう。生まれ変わりなど、これまで学んできた従来の考え方には全くないことであり、当時のアメリカは、そのような考えを全く認めていない社会です。宗教的には「異端者」として排除される恐れもありました。したがって、このようなことを公にすれば、精神病理学という分野では確固とした地位を築いていた博士のこれまでの業績がすべて無となる危険がありました。しかし、その後も、心を開いた姿勢で過去生について調査を続け、その後発表した『前世療法2』では、このように述べるまでになっています。

「大部分の人にとっては今の人生の過去に戻るだけで十分だが、患者の40パーセントは現在の問題を解決するために過去生まで遡る必要があり、どんなに優れたセラピストでも今生だけに限定した退行催眠療法では完全な治療に導くことはできないだろう[4]」

これ以外にも、過去生療法の研究家であるアレグザンダー・キャノン博士（イギリス人、九つの学位をもつ）は1382人の過去生療法の結果を踏まえ、『内なる力』でこう書いています。

『何年ものあいだ、輪廻説は私にとって悪夢であり、それに反駁しようとできるかぎりのことをした。トランス状態で語られる光景はたわごとではないかと、被験者たちと議論さえした。あれから年月を経たが、どの被験者も信じていることがまちまちなのにもかかわらず、つぎからつぎへと私に同じような話をするのである。現在までに一千件をはるかにこえる事例を調査してきて、私は輪廻の存在を認めざるをえなかった。』

●過去生療法の実際

では、ここで、実際に過去生療法とはどのように行われるのかを、著者が基本的に行う手順をもとに紹介したいと思います。

過去生療法は、誘導法やセッションの展開によって種々のバリエーションがあるものの、基本はきわめて単純な退行催眠です。過去生退行に合意したクライアントに対し、催眠誘導によってトランス状態に導いた状態で、過去生へと誘導していきます。著者は、階段を使って過去生へと誘導していきますが、セラピストによっては、扉や廊下、山道や橋を使う場合もあります。

では、トランス状態に導いた後の過去生療法の誘導方法です。

「それでは、これから私が数を3つ数えたら、あなたは前世に続く10段ある階段の一番上に立ちます。その階段が何色で、何で出来ているか教えてください。そこでは、まだ、あなたは階段の一番下がぼんやり見えるか、或いは、見えにくいかもしれません。

それでは、数を3つ数えますよ。1、2、3、ハイ。あなたは階段の一番上に立っています。階段は何色ですか？　何でできていますか？　階段に手すりはありますか？　何か敷物が敷いていますか？　階段は真っ直ぐですか？　それとも曲がっていますか？（それぞれ答えを待つ）

それでは、私がこれから数を3つ数えたら、あなたはご自分のペースで階段を一段、一段、下りていって下さい。私が数を数えるまでまだ下りないで下さいね。

一段降りる毎にあなたは更に深い催眠に入っていきます。私が横から話しかけても、気にされないで階段を下りてください。

一番下に着くとあなたがこれから体験する前世の世界が待っています。

一番下に着いたら、うなづくか、あなたの右の人差し指を少し持ち上げて教えて下さい。

それでは、数を3つ数えますよ。
1、2、3、ハイ下り始めてください。
（以下の文章をクライアントに囁きかける様に話す）

一段、一段階段を下りる毎に、あなたは更に深い、深い催眠に入っていきます。

降りるに従って前世の世界が段々はっきりしてきます。

一番下に着くと現在のあなたと前世のあなたが心も体も一つになっていき、あなたは前世の自分になっています。

あなたの課題（セッションの目的）が良く分かる前世へ戻っています。

（指が上がるのを確かめたら）

はい、いいですよ。あなたは前世の世界に着きました。始めは、ご自分自身や周りの景色がはっきりしなくても、部分、部分を感じていると段々、自分自身や周りの景色が、はっきりしてきます。直感で感じるままに、言葉にして下さい。……」

このような誘導により、過去生へ導かれたクライアントはその後、セラピストの誘導に従い今立っている場所、履物、服、髪の毛や肌の色などをゆっくりと確認していきます。さらに、性別、年齢、時代、場所、場合によっては名前など、徐々に前世での情報を蓄積していきながら、より深く、そして正確に過去生へと戻っていくのです。

私自身、このトレーニングの最中、何度もクライアントとしてこの療法を受け、自分の過去生を何度も体験しました。それは非常に感動的な体験で、私自身はもちろん同じ授業を受けた生徒、そして、実際の患者たちのほとんどの人が涙を流すほどのものでした。

なお、この過去生療法は、病気の治療という視点から見ても、非常に有益なものです。

ウィリストンとジョンストンは、多数の過去生療法の治療経験から、その効果を12項目にまとめ報告しています。

①ストレス軽減、②苦痛、罪悪感、不安、恐怖の統制や消滅、③集中力の増進、④潜在的な才能の開花、⑤使命感の喚起、⑥両親や親友への理解の深化、⑦抑圧された感情の解放と心的外傷の治癒、⑧活力、統制力、決断力、自信の獲得、⑨疾病の予防、⑩心の目の鍛錬、⑪人生の意味と目的を知る、⑫能動的な行動[5]。

さらに、過去生が原因で起こる病気の可能性として、アレルギー、頭痛（特に片頭痛）、腰痛、慢性疼痛、手術の治療遅延、一部の精神疾患も上げています[6]。

ワイス博士も同様に、過去生療法の治療効果については「感情のカタルシスなどの心理的効果、リラクセーションなどの身体的効果、不死を確信するなどの霊的効果なども認められる」とし、「さまざまな恐怖症、パニック、悪夢、理由の分からない恐れ、肥満、対人関係不適応症、肉体的な苦痛や病気及び筋肉や骨の痛み、薬では治らない頭痛、アレルギー、喘息、ストレスや免疫不全による潰瘍や関節炎などの疾患の治療にも応用できる」と述べています[7]。

●過去生療法で見る死後の世界

では、いよいよここから本題である、過去生療法から見た死後の世界を考えていきたいと思います。

今西（退行催眠セラピスト）によれば、過去生療法を行ったクライアントにおいて、過去生を確認することが出来たのは92パーセントであったと述べています[8]。

著者自身が、過去生療法を行った患者においても、9割以上の方は、何らかの過去生を体験することが出来ました。では、この過去生療法から、どのような死後研究がなされるのでしょうか。

キャサリンの例で示したように、過去生療法を試みた人たちは、時代も場所も多岐にわたった過去生を体験します。あるものはインディアン、またあるものは奴隷、またあるものは武士などです。ただし、どの人生を体験しようが、過去生療法において必ず行わなければならないルールがあります。それは、一つの過去生の最後に、必ず死の場面に進んでもらうことです。なぜなら過去生できちんと死を体験しないと、人によっては、過去生の人格を今世に持ってきてしまう危険があるからです。したがって、どの過去生においても、必ず死の場面を体験してもらいます。そして、その体験こそが、過去生療法における死後の研究資料となるのです。

臨死体験で「臨死体験9つの現象」について説明しました。

もう一度示すと、以下のようになります。

臨死体験各要素

（1）肉体から離れる感じ（体外離脱体験）
（2）苦痛が消え、安らぎが訪れる。ポジティブな感情が芽生える
（3）神秘的な存在、あるいは亡くなった身内や友人など他者に遭遇する
（4）暗い空間（トンネル）に入る、あるいは通り抜ける
（5）神秘的、あるいは強烈な光に遭遇する
（6）この世のものではない（天国のような）世界に遭遇する
（7）自分の一生を振り返る
（8）特別な知識に出会い、習得する
（9）自分の肉体に再び戻る

実は、過去生療法体験者たちもまた、臨死体験で見られた死後世界とほぼ同じ報告を行います。

過去生療法における死後とはどのようなものなのか。臨死体験による9項目の現象に沿い

ながら、同じように検証を進めていこうと思います。

(1) 肉体から離れる感じ（体外離脱体験）

◉二十四歳、女性。プロテスタント

「私は、わらの中で、煙にむせてのたうちまわっています。あたりは火の海……い、息が苦しい。でも、体が動きません。ああ、死んでしまいます。すると突然、体が軽くなりました。ふわふわと浮かんで、心がどんどん広がっていきます……新しい体を手に入れました。古い体とは、お別れです。自由になって、高く昇っていきます。それは、私の真上にあります。私はその中へ、まっすぐ昇っていきます。なんていい気持ち……平和で美しく、そして温かい場所。愛があふれています。もう、怖くはありません[9]」

(2) 苦痛が消え、安らぎが訪れる。ポジティブな感情が芽生える

◉女性　ソーシャルワーカー

「前世の死を通りすぎると、朦惚としながら自分の身体がすっかり変わってしまったのを

感じます。私の身体は部屋いっぱいに拡がり、これまでに感じたこともないような非常な幸福感がどっとおしよせてきます[10]」

(3) 神秘的な存在、あるいは亡くなった身内や友人など他者に遭遇する

◉女性　主婦

「もう自分の体にとどまるのはやめようと決心したとき、体が光で満たされたような感じがしました。自分が輝きだして、肉体を離れると、そこには先立っていた姉が待っていました。姉は、『怖がらなくてもいいのよ』と言いました。『怖くないわ』と、私は答えました。とっても平和な気持ちで、あの激痛が嘘のようです。私は、姉があんまり穏やかなので、ちょっと驚きました。いつも、キンキンした声でまくしたてるようにしゃべる人でしたから。でも、今の姉は、とても穏やかで、落ちついて見えます。まるで、一緒にいる人の心を包み込むような感じです……[11]」

ここまで、臨死体験と過去生療法の死の体験が、驚くほど似ていることが分かります。これ以降の体験です。

(4) 暗い空間（トンネル）に入る、あるいは通り抜ける

(5) 神秘的、あるいは強烈な光に遭遇する

(6) この世のものではない（天国のような）世界に遭遇する

などにおいても、多くの過去生療法体験者たちは、臨死体験と同様の報告をしてくれます。

ただし、臨死体験と、過去生体験には一つだけ大きな違いがあります。それは、死後訪れる場所の記憶が、数分から数十分で生に戻ることが多い臨死体験と違い、しっかりと体験できることです。過去生療法の体験者たちは、この「誕生」と「死亡」の間を**中間生**と呼び、そこにも生命があると述べます。ただし、それは現在の私たちが感覚器と意識によって認識している生命とは次元が異なるのですが、しかしあらゆる面において現実であると述べます。

では、中間生で起こるこの後の出来事を詳しく見ていきましょう。

(7) 自分の一生を振り返る（走馬灯体験）

ホイットン博士（トロント大学教授）の患者たちの証言は、みな、中間生にいる指導役の意識体（マスター・ガイド）たちの存在を訴えています。

その姿はさまざまで、神話に出てくる神や、宗教上の指導者の姿をしている場合もあれば、光のように見えると表現される場合もあります。その数は人によりさまざまで、3人、とき

には4人、ごくまれに7人と報告されることもあります。

被験者たちは語ります。

「ガイドは私の腕をとって、長方形のテーブルを前に裁判官たちが着席している部屋へと連れていきました。裁判官たちはゆったりした白い衣装を着ており、みな歳をとっていて賢そうでした。この人たちと一緒にいると、わが身の未熟さを痛感しました」

「裁判官の前に出るのは恐ろしかったですが、すぐに心配ないと悟りました。みな優しく慈悲にあふれていて、恐れは消えました[12]」

そして意識体（以下マスターで統一）たちの前で人生の回顧が始まります。

それは、臨死体験と同様、一瞬のうちに展開するパノラマのように、または、DVDで自分の記録映画を見るように、見え方はさまざまですが、すべて、過ぎ去った人生の所業が、一つ残らず含まれているといいます。

ある被験者はこう語ります。

「人生を描いた映画の画面の内部に入りこんでしまったみたいです。自分のこれまでの人生が再演されるのです。何もかも、それもあっという間に[13]」

この過去生の回顧によって、完全に記憶を回復しながら、自分自身が記憶し得た以上のことまで知ることになります。気づかなかった世界の全貌がたちあらわれるのです。このときになってはじめて自分自身の魂は、自分が幸福を棒にふったときのことや、思いやりを欠いて他人を傷つけたときのこと、命にかかわる危険の間際にあったときのことなどを理解します。

ある被験者はこのように述べます。

「真っ暗で、何も見えません……できたはずのことが山ほどあったのに、私は何もしませんでした……善行を積むことができたはずなのに、何もしなかったんです……[14]」

このような、数々の事例研究の元に、ホイットン博士は、次のように結論付けています。

「中間生に戻って終えてきた人生を見せられ、後悔を体験することは、一種の地獄を体験することと同じである。自分の犯した罪が、言い訳も理由づけもすべてはぎ取られて、生々しく醜い姿をさらけだすからだ」

これは、臨死体験でも同様でした。

さらに、過去生療法は、この走馬灯体験に対するより深い意味を教えてくれます。まずは「因果応報（カルマ）」についてです。

ブライアン博士は、過去生療法の研究から、走馬灯体験の意味を以下のように述べます。

「我々は支払わなければならないカルマを負っている。もし今生で、このカルマを支払わなければ、次の人生に持ち越すことになる。いつかは支払わなければならないからだ。カルマを支払うことによって我々は成長するのだ。ある魂は他の魂より成長が早い。人は肉体を持った時にだけしかカルマを返すことができない。……カルマを返すに当たり、我々は何か支配的な特質を持って生まれる。それは強欲であったり、情欲であったりする。しかしそれが何であれ、自分のカルマは返さなければならない。……もしそれができないと、その性質は他のものと一緒に次の人生に持ち越される。そして、ますます大きくなってゆく。一回一回の人生でカルマを返してゆかないと、後の人生はますます困難なものとなる。もし、一つの人生でカルマを返してしまえば、次の人生はもっと容易なものとなるのだ。どんな人生を送るかは、自分で選択しているのだ。だから、自分の人生に100パーセント責任がある。自分で選択しているからだ[15]」

「過去の因を知らんと欲すれば、現在の果を見よ。未来の果を知らんと欲すれば、現在の因を見よ[16]」

とブッダがおっしゃいました。走馬灯体験はただ、私たちの今世を振り返るだけではありません。その行い一つ一つをチェックし、どれだけカルマを解消させたか、また逆にどれだけカルマを増やしてしまったかを確認するための作業なのです。人を殺せば、地獄のように苦しいカルマがどんどん私たちの魂に蓄積されていく、逆に、愛のある行為は、カルマを一つずつ減らしていく、というルールの存在が、過去生療法により理解されるのです。

ただし、マスターたちは、古来から言われてきたように、いかめしく振る舞ったりすることはありません。むしろ、生徒たちをはげまして過去の過ちから学びとらせてやろうとする、慈しみ深い教師のように振る舞うといいます。これまでの人生での重要なエピソードを取りあげては助言を与え、たとえそれがいかに芳しくないものだったとしても、どの体験もその人を成長させてくれるものだ、と元気づけてくれます。

「さあ、元気を出して……君の人生は考えているほど悪くなかったのだ」

とでもいうように[17]。

(8) 特別な知識に出会い、習得する

▲生まれ変わり〜カルマの法則

カルマとは日本語での解釈では「業」という意味合いで使われます。サンスクリット語では「行為」、または行為の結果として蓄積される「宿命」と訳されるもので、「善い行いには良い報いが、悪い行いには悪い報いが起こる＝因果応報」と同義語として使われます。

これは、仏教用語なのですが、他の宗教でも同じ意味を持つ言葉が多数残っています。

・キリスト教：人は蒔いたものはすべて、自分で刈り取るであろう……神はその人の行いに従った報いをすべての人に与えるだろう。
・ヒンドゥー教：あなたが蒔かないものを、得ることはできない。あなたが木を植えれば、木が生長する。
・ユダヤ教：自由な人は豊かになり、水をやる人は、水を与えられるであろう。
・過去生療法（光からのメッセージ）：あなた方が受け取るものは、あなた方の行動の結果であり、それはすべて、あなた方の責任である[18]

自分で蒔いた種は、必ず自分に返ってくる。これは、このように多くの宗教の中でも語り継がれてきたことであり、私たちもこれまでの人生で何度か同じような話を聞いてきたはずです。そして今回、過去生療法という一つの学問が、この生まれ変わり、カルマの法則の存在を肯定します。

とすると、私たちは人生の生き方に一つの指針を得ることが出来ます。

それは「人に優しくしなければならない」ということです。人をいじめれば、カルマの法則で考えれば、いつか必ず自分に返ってきます。インターネットなどを使って、自分の身元が分からないように人を罵倒したり、蔑んだりしても、その代償はいつか必ず支払わねばなりません。逆もしかりです。あなたのやった優しい行い〜電車の中で席を譲った、ティッシュ配りのお兄さんに笑顔で優しい言葉をかけた、ごみを拾った〜なども また、（良い方の）カルマとして蓄積されていき、これからの人生、そして来世に反映されていくのです。

つまり、輪廻転生、カルマの法則があると理解すれば、私たちは自分のために人に優しくしなければならず、その結果私たちの毎日は優しさで包まれるようになるのです。

過去生療法から得られた生まれ変わりの知識は、私たちの世界に「優しさ」の意味と価値を教えてくれます。

▲バタフライ効果

走馬灯体験で私たちがやってきた行いが、どれほど世界に大きな影響を与えたかを見せられるとお話ししましたが、その法則は、現実世界でも証明されています。

1963年、マサチューセッツ工科大学の気象学者エドワード・ローレンツは、ニューヨーク科学アカデミーに対して「バタフライ効果」という仮説を提唱しました。その理論を簡単に説明すると、蝶が羽を動かすと、空気中の微粒子を動かし、それがほかの微粒子を動かし、さらに多くの微粒子を動かす。そうしているうちに、やがて地球の反対側で竜巻が発生するというものです。

これに対して、当時会場にいる科学者たちはいっせいにあざけり、この考えを否定しました。しかしそれから月日が流れ、いまでは、このバタフライ効果は初期値過敏性の法則＝「ある人間のちょっとした行為が、巡り巡って大きな影響力を及ぼすこと」という法則として認定されています。

アンディ・アンドルーズが書いた「The Butterfly Effect」にこの法則＝「小さな行為のつながりが実際に世界を変えていった実例」が書かれているので、紹介したいと思います。「世界を変えたのは誰なのか？」という視点で以下の人物たちの話をのぞいてみてください。

(1)ノーマン・ボーローグ

アイオワ州のトウモロコシ農場の息子です。父から、「トウモロコシをいつでも食べられるのは幸せだ。世界には十分に食べることが出来ない人たちがいっぱいいる。」と聞き、世界の人がお腹いっぱい食べられる植物を作ろうと決意します。植物に関する知識を学び、大人になって**ヘンリー・ウォレス**という人の下で働きます。ヘンリーはノーマンに「君の知識で、奇跡の種を作ってほしい」と依頼し、ノーマンはその依頼に応えるため日夜研究を重ねます。そしてとうとう１９４０年代、病気に強くて、乾燥した気候に適応する収穫量の多い小麦とトウモロコシの種の作成に成功するのです。その後、その種により**20億人の命が救わ**

れた功績が称えられ、ノーベル平和賞を受賞します。
　以上より、間違いなくノーマン・ボーローグは世界を変えた人物であるといえます。しかし、ちょっと待ってください。もう少し詳細に見れば20億人の命を救ったのはノーマンではないかもしれません。

⑵ヘンリー・ウォレス

　ヘンリーのお父さんは大学教授です。その教え子に植物に非常に詳しい**ジョージ**という青年がいました。幼いヘンリーとジョージはよく、植物調査に出かけました。そこでジョージはヘンリーにこのように言います。「ヘンリー、知っているかい。神様が植物を作ったのは、私たちが学び、その知識を利用して、多くの人を助けるためなんだ。そして神様が君を作ったのは、世の中を良くするためだよ。僕は君が使命を果たせると信じているからね」

　その後ヘンリーはジョージの言葉を胸に植物学を熱心に勉強します。そして、アメリカ農務長官、そして最終的には副大統領に就任します。そしてヘンリーは世界の人々に食料を供給するためにメキシコに研究所を設立、そして、その長官に**ノーマン・ボーローグ**という青年を起用するのです。そう、特別な種を開発したノーマンです。つまりヘンリーが特別な種を作るというアイデアを思いつき、ノーマンにその種を作らせたのです。

ということは、実際に世界を変えたのは、ヘンリーということになります。いやちょっと待ってください。もう少し詳細に見れば20億人の命を救ったのはヘンリーでもないかもしれません。

(3)ジョージ・ワシントン・カーバー

ジョージ・ワシントン・カーバーは南部の州で黒人奴隷の子として生まれ、のちに植物学者として農業改革を指導し、ピーナッツの品種改良で功績のあった人物です。

両親は幼いころ亡くなりましたが、モーゼスとスーザン夫婦に引き取られ、実の息子のように育てられます。そこで彼は植物について勉強し、さまざまな植物の品種改良に成功します。

このジョージ・ワシントン・カーバーがアイオワ州立大学の学生だったとき、ウォレスという先生がいました。週末になるとジョージはウォレス教授の六歳の息子ヘンリーと野原や森林を散歩して、植物についての知識や、植物を使って人びとを助ける方法をヘンリーに教えていきます。

つまりこういうことです。

ノーマンは世界中の飢えている人びとのために、奇跡の種を開発しました。でも植物を使って人類を救うというアイデアを最初に考え、ノーマンを起用したヘンリーがいなければできなかったことです。しかし、ヘンリーに植物のことをたくさん教えたジョージがいなければ、こんなアイデアは出なかったことでしょう。

ということは、実際に世界を変えたのは、ジョージということになります。いやちょっと待ってください。もう少し詳細に見れば20億人の命を救ったのはジョージでもないかもしれません。

(4)モーゼス（ジョージの父）

モーゼスがスーザンと結婚して農場を営んでいたある日、ゲリラ部隊が農場を荒らし、納屋に放火。さらにメアリー・ワシントンという赤ちゃんを抱いた黒人女性を捕まえて引きずり回し、母子とも連れ去ってしまいました。モーゼスは妻スーザンの親友メアリー・ワシントンを救うためにゲリラ部隊を追い、命を懸けて交渉します。その結果、瀕死の状態の赤ちゃんを取り戻すことに成功するのです。（残念ながら母は亡くなっていました。）モーゼスは赤ちゃんをジョージと名づけ、自分たちの姓を名乗らせることにしました。こうしてモーゼスとスーザンのカーバー夫妻は、**ジョージ・ワシントン・カーバー**の育ての親となったのです。ということは、20億人の命を救ったのは、モーゼス・カーバーというミズーリ州の農場主だったことになります。

もしモーゼスがジョージをゲリラ部隊から助け出さなかったら、その後、ジョージがヘンリーと森を散歩することはなかったでしょう。そうなると、ヘンリーは植物に興味を示さなかったでしょうし、のちにノーマンを起用することもなかったでしょう。

もしもあのとき……こんなふうに続けていくと、話しはいくらでもさかのぼることができます。そう考えると20億人の命を救ったのは、いったい誰なのでしょうか？[19]

このことこそが、走馬灯体験で見せられることなのです。私たちが行った一つのことが、どれだけ多くの影響を与えたのか、それを理解するのです。

もう少し身近な話で考えてみましょう。

ある日学校からの帰り道、マークの前を歩いていた少年がつまずきます。抱えていた本、セーター、野球バットとグローブなどが、あたりに飛び散ります。マークは駆け寄って、落ちたものを拾うのを手伝います。同じ方向に家があるというので、荷物を少し持ってあげ、おしゃべりしながら一緒に帰ります。彼の名前はビル。ＴＶゲームと野球が大好きで、ガールフレンドと別れたばかりだと話しました。意気投合した二人は、ビルの家でテレビを見たり、笑ったり、おしゃべりして楽しく過ごしました。それからは、学校でもしばしば顔を合わせるようになり、昼食を共にすることもありました。結局、同じ高校に進学し、そんなつかず離れずのつきあいはずっと続きました。

高校の卒業式を三週間後に控えたある日、ビルがマークの家にやって来て、彼らの最初の出会いの時の驚くべき真実を話します。

あの日、あんなにたくさんのものを持ち歩いていたのは、学校のロッカーを整理したためであったこと。その理由は自殺するつもりであったこと。（ビル曰く、自殺した人の物品がロッカーに残っていたら、次に使う子が嫌な思いをするだろうからとのこと）、自殺の手段は母が飲んでいた睡眠薬を少しずつこっそりため込んでいたものを大量に服薬する方法であったこと。

その驚く告白に続いて、こう話します。

「君に初めて会ったあの日、家に着いたらそれを飲んで自殺するつもりだった。でも君に出会って、そのまま一緒におしゃべりしたり、笑ったりしたよね。君が帰った後に、もしあのまま自殺していたら君との楽しい時間も持てなかったし、これから起きるたくさんの素晴らしいことを経験することなく死んでしまうことになると思ったんだ。これで分かっただろう？　マーク、君は僕の荷物を拾ったとしか思ってなかっただろうけど、あの日、僕の命も拾ってくれていたんだよ[20]」

私たちが行った行為が世の中にどのような影響を与えたのか、それは死ぬまで分かりません。しかし、あなたの今日の行動によって、目の前の人だけではなく、未来の世代の人たちにまで影響を与えている可能性があります。あなたの優しい一言が一人の命を救い、逆にあなたの何気ない冷たい言葉が、誰かを死に追いやるかもしれません。また、もしかするとあなたの今日の行為がきっかけとなって、世界中の数十億の人たちの生活が変わるかもしれないのです。

つまり、私たちのするあらゆる行動はすべて重大な意味を持っている可能性があるということです。あなたの今日の行為、ひいては人生は、未来を永遠に変えるだけの力を持っているのです。

このように、死生学研究における走馬灯体験という現象は、現在科学でバタフライ効果と名前を変えて、すでに認められているのです。

どうか、自分のために、そして、現在の、未来の地球人のために、優しさいっぱいの毎日を送ってほしいと願っています。

▲中間生という存在

過去生療法では、死んだ後に魂が戻る場所「中間生」で私たちが何を行うのかも教えてくれます。

私たちは、死ぬと必ず走馬灯体験を通過し、出来たこと、出来なかったことをマスターたちとチェックします。その中で今回の生において、自分の行動に対してどこに問題があったのか、何が足りなかったのかを明確に理解した後、その問題点を克服するために中間生で知識を習得していきます。

この学びに対して、ある過去生療法体験者は、「中間生は現在の学校のようでした」と報告します。ただし、すべての魂が同じ学びを行うわけではないようです。愛あふれる生活を実践してきたレベルの高い魂たちと人の足を引っ張ったり傷つけたりしてきた魂は、学びの場所が異なるといいます。

実際、ホイットン博士の被験者の報告によれば、過去生体験者は中間生での記憶において、レベルの高い魂たちは「図書館や研究室のある広い学舎で一心に学んだ」、「宇宙の法則や他の形而上学に似た課目を勉強した」など高度な学びを行ってきたと語り、「中間生とは、さまざまな活動に満ち溢れた無限の海であり、無限の可能性が秘められている場所であった」と述べています。しかし、このように向上心の高い魂たちがいるその一方で、「中間生ではほとんどうとうと眠っていたような感じで、あまり勉強をした記憶がない」、「周りの魂は、向上心に乏しいものばかりで、自分もあまり学ばなかった」、という人たちもいるようです。また、同じ罪や過ちを犯し続ける魂は再度同じ宿題を出され、それをクリアするまでずっと小学校を繰り返すがごとく落第を繰り返したと表現するものもありました。

それらの証言をまとめて、ブライアン博士はこのように述べています。

「死んだあとは、みな同じ場所に行くのではない。どの次元に行くかは、私たちが、今世でどれくらい進歩したかによる。大切なことは、知識を他の人々と分かち合う事。私たちは皆、今活用している能力よりも、ずっと大きな力を持っている。ある人々はこのことを、よりずっと速く学ぶ。ここまで来る前に、あなた方は自分の欠点に気がつかねばならない。もしそれを怠ると、次の人生に、その欠点を持ち越すことになる。自分でため込んだ悪癖は、肉体を持っている時にだけ、取り除くことができるのだ。マスターたちが私たちのかわりにやってくれるわけではない。もしあなたが争いを選び、しかもそのくせを取り除こうとしなければ、それは他の転生に持ち越される。つまり、他人に対して不正を働いたり、暴力を振るえば、そのままで済まされず、その先の転生でいつかそれを返さなければならないのだ。そして、自分はその問題を克服することができると自分で決めた時には、もはや次の人生に持ち越すことはない」

つまり、同じ魂でも、中間生での学びの姿勢は大きく異なり、それは現世における私たちの生き方、学ぶ姿勢、魂の成長のレベルがそのまま反映されているということなのです。

▲才能は受け継がれる

私たちは何度も生を繰り返していることから、学びによる成長は、死んで終わりにならないことも理解されます。私たちは死ぬということはありません。ただ、肉体という殻を脱いで、中間生に戻るだけです。魂は永遠に続いていきます。今回の生で得た知識や努力してつかんだ技術は、死によって無くなることはありません。過去生療法の研究では、バッハやベートーヴェンが偉大な音楽家になったのも、カール・ルイスやウサイン・ボルトが人類一足が速いのも偶然ではないと考えます。これらの才能は、これまでの長い生の繰り返しの中で積み重ねられた努力の結果なのです。つまり、私たちの魂は、学習態度だけでなく、知識・技術・能力もまた、来世に持ち越されるのです。

とするなら、私たちの人生において、学びに「遅い」ということはありません。80歳であっても、90歳であっても、来世のオリンピックや、ノーベル賞を目指してもよいのです。

このように、死生学研究は、すべての年代の人に、「夢」と「希望」を与えてくれます。

▲マスターからのメッセージ

死生学研究の中で過去生療法の突出している点は、今、この瞬間に、中間生に存在するマスターとの直接のやり取りが可能な点です。

なんと、私たちは、マスターから直接メッセージや答えを得ることが出来るのです。信じられないと思います。実際、過去生療法の第一人者であるワイス博士も、初めてマスターと直接対話した際、言葉を失います。

その場面を少しお示しします。それは前述したキャサリンの過去生療法、2回目のセッションでした。

1回目のセッション同様、前世を終え、死を迎えたキャサリンのコメントです。

「『明るい光が見えます。すばらしい光です。この光からエネルギーをもらうことができます』彼女は死後、生と生のはざまで休息していた。何分かが沈黙のうちに過ぎた。突然、彼女が話し始めた。しかし、それまでの彼女のゆっくりとした、ささやくような声ではなかった。彼女の声は今、大きなしゃがれた声で確信に満ちていた。

『我々の使命は学ぶことである。知ることによって、神に近づく。我々はほとんど何も知らない。汝は私の師として、ここにいるのだ。私は多くのことを学ばねばならない。知ることによって、我々は神に近づき、その後に、休息することができる。それから、我々は人々を教え、助けるために、戻ってくるのだ』

私は言葉を失った。これは、死後の中間生からの教えだった。このメッセージはどこから来たのだろうか?キャサリンが言っているようには思えなかった。彼女がこんなふうに話したことはなかったし、言葉も言いまわしも違っていた。声の高さまで、いつもとはまったく別だった……21」

3回目のセッションで、博士はさらに驚くべき場面に遭遇します。

「彼女の頭がゆっくりと左右に揺れ始めた。何かの情景を調べているようだった。彼女の声がまたしわがれた大声になった。『神はたくさんいる。なぜなら、神は我々ひとりひとりの中にあるからだ』私はこの声は中間生から来ているのだと思った。しわがれた声になり、メッセージが急に確信に満ちた霊的な調子になったからだ。次に彼女の口から発せられた言葉に、私は息が止まり、心臓が引っくり返ってしまった。

『あなたのお父様がここにいます。あなたの小さな息子さんもいます。アブロムという名前を言えば、あなたに分かるはずだと、あなたのお父様は言っています。お嬢さんの名前はお父様の名前からとったそうですね。また、彼は心臓の病気で死んだのです。息子さんの心臓も大変でした。心臓が鳥の心臓のように、逆さになっていたのです。息子さんは愛の心が深く、あなたのために犠牲的な役割を果たしたのです。彼の魂は非常に進化した魂なのです。……彼の死は、両親のカルマの負債を返しました。さらに、あなたに、医学の分野にも限界があること、その範囲は非常に限られたものであることを、彼は教えたかったのです』……[22]」

父親は、9か月前に亡くなっていたこと、息子が生後23日で心臓の病気で死んだこと、お父さんの英語の名前はアルビンで、ヘブライ名がアブロムであること（つまり、もし父の名を調べたとしても、分かるのはアルビンである）、娘の名前は、父のアブロムにちなんで命名されたこと……全てが真実であったため、ワイス博士は、過去生が否定できないものであること、中間生が存在すること、そして光（マスター）が存在することを受け入れ始めるのです。

なお、現在の過去生療法では、偶然にマスターと遭遇するのではなく、ドクター側が、中間生において、意図的にマスターとの遭遇を行います。それにより、さまざまなメッセージを受け取ることが出来るようになっています。

過去生療法において、マスターに誘導した場合、今西は、45件のうち41件（91・1パーセント）が3回以内にマスターに誘導されたと報告しています[23]。

私自身も、過去生療法のトレーニング中に、クライアント役としてマスターと遭遇することが出来ました。私の場合、マスターは大きな光の映像でした。さまざまなやり取りの中で、今進んでいる道に対して揺らがず自信をもって進むこと、私が現在行っている統合医療（西洋医学、東洋医学、ハーブや波動などの補完代替医療など全てを融合した医療）を行うにあたり、偏見を持たず、常に中間に立つ視線を大切にしながら学び続けること、最もダメな自分を愛してあげること、それが出来たとき、本当にすべての人を愛することが出来るようになること、などのメッセージを頂きました。

では、ここから、過去生療法においてマスターから得られたすべての人々に共通する生きる上で必要な知識、メッセージを著者自身が体験したものと、他の書物に報告されている例とを合わせて、抜粋してお伝えしたいと思います。

〈Dはドクター、C：クライアント（受診者、患者）です。過去生療法中にマスターを誘導した状態でD（ドクター）がC（クライアント）の直面している光に質問しています〉

▲愛しなさい

D：「人間は、何のために生きているんでしょうか？」。

C：「愛を創造するため」

D：「人間って、何ですか？」
C：「愛そのもの……本当は」
D：「人間は、素晴らしい人生を送るためには、どうすればいいのでしょうか？」
C：「愛……愛にしたがって生きること……」
D：「愛って、どういうことでしょうか？」
C：「人をいとおしく思う、その気持ちの、さらに奥にあるもの……、誰もが持っていて、人とともに分かちあって、創造していくもの……温かいもの……」

過去生療法においても、愛することの大切さを非常に強調しています。

ハーバード大学の脳神経外科　エベン・アレグザンダー博士もまた臨死体験中に愛の大切さを光から学ぶのですが、その愛についてこのように述べています。

「そのすべての基本、愛だが、それは理解するのが難しい抽象的な愛ではなく、夫や妻、息子や娘、ペットなどに感じている日常的な愛を指している。」

マザー・テレサの言葉も一つのヒントになります。ある記者がマザーに「私もあなたのように何か人の役に立つことをしたいのですが、何ができるでしょうか」との質問に対して、「今すぐ家にかえって家族を抱きしめなさい」と答えました。つまり、ここでいう愛とは、多額の寄付をしたり、ボランティアで恵まれない国に行くこと（もちろんこれも素晴らしいことです）など特別なことではなく、今、目の前にいる人（配偶者・子供・親・同僚・近所の人など）を愛することなのです。

ではどのように愛すのか。中間生では、「give（与える事）」のみだといいます。愛とは見返りを一切求めません。「私がこんなに○○をやってあげているのに……」という「〜のに」という言葉はなく、ただ与え続けるだけです。奉仕をする・犠牲を払う・話を聞いてあげる・感謝を表す・肯定する、これらの行動をなんの見返りもなく行い続けるのです。見返りを求めず、与えて与えて与えつくす、それこそが、マスターたちの述べる「愛しなさい」の意味なのです。

どれほど難しいか分かりますよね。この世の多くの人は「ギブ&テイク（私がこれだけやっているのだから、あなたも同等の、またはそれ以上の見返りをください）」、ひどい場合は「テイク&テイク（あれして、これして、それ頂戴）」です。しかし、マスターたちは「ギブ&ギブ（与え続けの愛）」こそ正しい道だと述べます。

私も、到底この域には到達していません。ただ、そこを目指して努力し続けようと思っています。

▲学びなさい

学びの大切さも強調されます。

D：「人間は、何のために生きているんですか？」

C：「学ぶため」

D：「なぜ私は、何度も生まれ変わっているんですか？」

C：「学びそして……愛を実践するため」

D：「人間は、何のために生きているんですか？」

C：「色々なことを学ぶためだ。光の世界では、簡単にそれを学ぶことができるが、物質世界では、人間として悩みながら学ぶしかない。だが、その過程が楽しいからこそ、何回も生まれたくなるのだ[24]」

なおそれ以外にも、

「存分に、自分の人生を楽しみなさい……」

「許しなさい（自分を、他人を）」

「自分を大切にすることを学びなさい……自分を大切に出来ない人は他人を大切にはできな

いのだよ」

など、マスターたちは多くの深遠な言葉を投げかけてくれます。

以上、中間生から得られる知識をお話ししてきました。そこから分かることは、「愛する」、という課題を果たすために、なんども体や時代を変えながら「学び続ける」ことが大切であり、それこそが、この地球に生きる私たちの共通する課題だということです。

そう、これは、臨死体験により光から与えられたメッセージと全く同じです。全く違う研究にもかかわらず、同じ死後をたどり、さらに同じメッセージを与えられること、これは、死後世界が現実にあるという存在の証拠にならないでしょうか。また、この教えこそ、世界中の人々が真の幸せを手に入れる唯一の方法ではないでしょうか。

この教えの大切さは、ワイス博士が、「人生をより良く生きるために、私たちはどうすれば良いのですか」とたずねたときの、光（マスター）の答えにも示されています。

「人の道は、基本的にはだれにとっても同じだ。人はこの世に生きているあいだに、その道を学ばなければならない。ある者は速く、ある者はゆっくりと学ぶ。慈悲、希望、信仰、愛など、人はこれらのすべてを学ばなければならない。ひとつの希望、ひとつの信仰、ひとつの愛というように、切り離されるものではなく、すべてはつながっている。また、それを実行する方法もいろいろある。しかし、人はまだ、どれもほんの少ししか知らないのだ」

この章の最後にホイットン博士のコメントをお示しして終わりにしたいと思います。

「最も重要なのは、中間生を知ることによって、一人一人の責任が非常に大きくなることである。この世は、中間生で計画したことが試される場所だ、と認めるなら、毎日の生活は新たな意味と目的に満ちたものとなる。そして、たとえこの世の環境がどんなに困難であったとしても、短い人生を終えた時、人間は、愛の根源の美と雄大さのうちにつつみこまれる。中間生こそが私たちの住むべき世界であり、地球という惑星は、魂の進化のために必要な試験場であるにすぎない。私たちがここにいるのはなぜなのか、また何をしなければならないのか……超意識の研究は、私たちに、そのことを理解させずにはおかない」

▲旅立ち

レベルに合わせて勉強し、愛すること、学ぶことの大切さを理解した魂たちは、いよいよ、自分がこれまでの生で成し遂げられなかった課題（カルマ）を実践に移します。

ある女性はこう語ります。

「私はどんな困難が人生の途上に生じてもそれに直面できるよう、つぎの人生を計画するのを助けてもらっています。弱い人間なので責任を回避することばかり考えていますが、障害をのりこえるための障害を与えられるべきだと分かっています。もっと強く、もっと意識を高め、より進歩してさらに責任を果たせるように[25]」

自分の宿題にふさわしい状況に身を置くため、欠陥のある身体を選択するよう助言された被験者もいます。大きく進歩するためには逆境を受け入れなくてはならないこともあるのです。ある女性はこう報告しています。

「私はその人がアルツハイマー型認知症の発病率が高い家系の出で、自分も同じ病にかかる可能性が高くなると知りながら、母親として選びました。母とのカルマのつながりはどんな遺伝学上の欠陥よりも重要だったからです。母を選んだのにはもう一つわけがあります。裁判官たちが私に、今生では父親なしで育てられる体験を味わうべきだと言ったのです。両親がそのうち離婚するだろうということは感づいていました。この両親を選んだことで、結婚相手となるべき男性と会うのに理想的な立地条件におかれることも知っていたのです[26]」

１０００人以上の被験者に退行催眠を行ったヘレン・ウォンバック医師も「人は、自分で自分が送るべき人生を選んできているのだ」ということを示す証言を数多く確認しています。

Ｄ：「あなたは、生まれることを自分で選びましたか？」

Ｃ：「はい、自分で選びました」

D：「あなたが選ぶのを、誰か手伝いましたか？」
C：「たくさんのマスターたちが、助けてくれました。でも、最終的には自分自身で選ばなければなりませんでした」

それ以外にも
D：「今回の人生は誰が計画したんですか」
C：「あなたが、自分自身で計画したのです」
D：「私が人生で直面する色々な試練は、誰が決めたんですか？」
C：「自分自身で決めました」
D：「なぜ、私は、こんな試練を選んだのでしょうか？」
C：「やり遂げるべき、当然の課題だからです」

私も、ある苦しい問題を抱えていた時、マスターに対して
「〇〇の問題を乗り越える事が、私に出来るでしょうか？」
と問いかけたとき、

「あなたの課題は、あなたが計画したのです。あなたにできない問題を、あなた自身が選ぶはずがありません。だから安心して進みなさい」

という答えを頂きました。

ホイットン博士は、この不思議な仕組みについて、次のように結論付けています。

「いちばん重要なのは、今回の人生で私たちがおかれた境遇は、決して偶然にもたらされたものではない、ということだ。私たちは、中間生で自分が選んだことを体現しているのだ。私たち自身が、中間生で肉体を持たない状態の時に決定したことによって、今回の人生が決まる。そして、どのような潜在意識（心がけ）で人生を生きていくかによって、悪運や良運がめぐってくるのである。

たとえ、現状がいかに困難な境遇にあっても、その境遇にわが身をおいたのは、ほかならぬ自分自身なのだ。人間はそれぞれ、『試練や苦難の中にこそ、学び成長するための最大の機会がある』ということを理解したうえで、その試練や苦難を乗り越えていくのである」

⑼自分の肉体に戻る⇓新しい肉体に入る

過去生療法では、生まれ変わりを体験することもできます。

過去生療法の体験者たちは言います。死とはまさに帰郷、すなわち闘いと苦しみから戻って憩う休息期間であり、誕生は熾烈な新しい仕事の第一日目だ、と。この世の試練を熱心に待ちのぞむ者もありますが、時間と空間のない中間生を捨てて物質界の拘束をうけるのに気が進まない者もいるようです。

当然、この世への帰還を人一倍いやがる者もでてきます。ある男は、古代ギリシアで年端もいかない少年たちを働かせて虐待したことがありました。その彼は、こんどは自分が同性愛者としてこの世に戻って虐待を受けるという課題があることに怖れをなし、「男の慰み者になるだって！それだけはかんべんしてくれ……」とトランス状態で悲鳴をあげた例もありました。

のちに彼はこう語っています。

「あの身体に入っていくしかありませんでした。裁判官たちの助言でいやいやながら選んだのであって、選んだからには最後までやりとげなければならなかった。せきたてられたような気がします[27]」

また、長く転生をこばみつづけることもできないようです。この被験者が証言したように、ゆくゆくは宇宙的な圧力が蓄積し、魂を物理的肉体におしこんでその歩みを再開するように促されるといいます。

生まれる瞬間を体験するものもあります。

「私は分娩室にいて、母とそのまわりにいる医者たちを見守っていました。進行中のすべてのもののまわりを白い光がとりかこんでおり、私はこの光と一体でした。それから『生まれてきますよ』という医者の声が聞こえました。自分はあたらしい身体と合体しなければならないということが分かりました。今生で生まれてくることにはまったく気がすすみませんでした。光の一部でいるのがとてもすてきだったからです[28]」

以上が、過去生療法で見られる、過去生の死から、次の生までの一連の記憶、そして学びです。そこから得られた知識は、臨死体験より、より深く、より多くのことを私たちに教えてくれます。そして死の恐怖を取り去ってくれます。

ある過去生療法体験者はこう述べています。

「死ぬことが、とてもすばらしいことだと分かりましたから、これで私は死を楽しみに待つことができます」

また別の経験者は

「別離というのは、ただの幻想に過ぎない」と述べ、人の死に接したときも「また、中間生でお会いしましょうね、待っていてね」という気分でいられると述べています。

このように、過去生療法の体験もまた臨死体験同様、死の恐怖、苦しみからも和らげてくれるのです。

なお、過去生療法を専門に行う奥山医師が過去生療法を行った1901名を詳しく検討したところ、死後の体験に対して以下のようなデータを報告しています。

・過去の人生の記憶を体験したうえで、「光」との対話にも成功した者〜1289名（68パーセント）

・「光」との対話はできなかったが、過去の人生の「死後」までを体験できた者〜139名（7パーセント）

・過去の人生の記憶を体験できたが、その途中で止まってしまった者〜148名（8パーセント）

・過去の人生を体験することができなかった者、あるいは、ほんのわずかしか体験できなかった者〜288名（15パーセント）

・退行催眠ではなく、いつの間にか、「インナーチャイルドの癒し（簡単にいえば年齢退行催眠）」へと入っていき、別の種類の治療になってしまったもの〜47名（3パーセント）[29]

ここから分かるように、過去生療法は、特殊な人だけのものではなく、多くの人たちが体験可能な世界だといえるのです。

●過去生療法の真偽

ここまで、過去生療法での体験から死後の世界を考えてきました。しかし、これは、あくまでも、過去生療法が真実である、という立場になった議論です。過去生療法は架空の物語である、と考えるなら、ここでの議論は、すべてが無駄になってしまいます。したがって、ここからは、過去生療法の真偽について、考察していきたいと思います。

■過去生療法を証明する

過去生療法を受けた被験者の体験が本物であることを示唆する証拠として次の三つをあげることが出来ます。

(1)　本人しか知り得ない情報を知っている
(2)　複数の人が退行催眠中に思い出した記憶が一致する

(3) 催眠状態にある時に、現世の人格が身につけたとは考えられない技能（たとえば外国語を話す）を持っている[30]

少し分かりにくいと思いますので、それぞれ具体的に見ていくことで、理解を深めていただきたいと思います。

(1) 本人しか知り得ない情報を知っている

被験者（患者）が通常の手段では知り得ないような情報について語り、それが事実であると確認されれば、それは過去生が真実であるという一つの証拠になり得ると考えます。いくつか具体的な症例を見ていきます。

◉46歳 日本人女性　稲垣・大門らの報告

里沙さん（仮名）が思い出した「過去生」の一つは江戸時代の渋川村で浅間山の大噴火の時に人柱になって死んだタエという少女のものでした。

過去生療法中にタエ人格が語った12の点について、稲垣氏が調査したところ、全て史実と一致するか、一致すると推測されることが分かりました。それらのうち、代表的な5点についてご紹介します。

①年号：タエが13歳の時に、「安永9年」、16歳の時に「天明3年」と語ったが、いずれも史実と一致している。
②地名：上州上野国渋川村上郷という地名を語ったが、現在は群馬県渋川市上郷となっている。渋川市教育委員会小林良光氏を通じて「上郷」の地名が天明年間にも存在していたことを確認。
③天明3年に浅間山が大噴火したと語ったことについて：『渋川市史』巻二、「天明の浅間山大焼」の項の記載で確認。
④渋川村の降灰量について：「白い灰が毎日積もります」「軒下（まで積もった）」と語っている点。渋川村の記録としては確認できなかったが、軽井沢等の記述から判断して真実であると推測。
⑤「昼間だけど真っ暗で、提灯が必要であった」と語ったことについて：『渋川市史』巻二「天明の浅間山大焼」の項の記述と一致。
（実は、セッションでは「偉大な存在者」なるものが登場し、もう少し史実に関連する内容が追加されるのですが、煩雑になるので、ここまでの表記といたします[31]。）

◉グレンの報告

「ある女性が、アレックス・ヘンドリーという男性として19世紀後半のスコットランドに暮らしていた人生を語った……。アレックスは、家族の希望通りに、エディンバラ大学で医学を修めた。アレックスの大学生活の描写の中には、証明可能な事実が二つ含まれていた。まず一つめは、家族がバンフシャーに住んでいたこと、そしてもう一つは、彼が1878年に、医学校を卒業したということだった。……（グレンはこの過去生が真実かエディンバラ大に確認をする）……私はエディンバラ大学の文書係から、1973年7月19日付けの手紙を受け取った。その手紙は、彼女の話を裏付けてくれたのである。

『アレクザンダー・ヘンドリー。スコットランド、バンフシャー郡カラン出身。1878年、医学士課程及び修士課程を修了』[32]」

(2)複数の人が退行催眠中に思い出した記憶が一致する

複数の人が別々に「過去生の記憶」として語った内容が一致する場合、その記憶は本物である可能性が高くなります。

◉ワイス博士の報告

ペドロとエリザベスは、いずれもワイス博士の患者でしたが、メキシコ生まれのペドロとアメリカのミネソタ州で生まれたエリザベスは、お互いに全く面識はありませんでした。ワイス博士も二人の間に何らかのつながりがあるなどとは夢にも思わず、それぞれの治療を続けていました。

ところがある時、博士は、ペドロが思い出したパレスチナでの過去生と、エリザベスが思い出したパレスチナでの過去生に奇妙な一致があることに気付きます。

・ペドロの思い出した過去生〜革の服を着た軍人達にひどい目に遭わされ、愛する娘のひざに頭を乗せながら息を引き取った。この過去生でのペドロの名前はエウリまたはエリだった。

・エリザベスが思い出した過去生〜パレスチナの陶工の娘だったが自分の父親が、ローマの軍人によって馬のうしろに縛り付けられ、引きずられるという悲劇的な体験をしていた。土ぼこりのひどい路上で、血が流れる父親の頭を膝に抱きかかえた状態で、父の死を経験していた。その父親の名前はエリだった。

つまり、パレスチナで二人は父と娘という間柄だったのです[33]。

(なお、この二人は、のちにまさに奇跡としか思えない偶然の中で結ばれることになります。)

◉グレンの報告

若い結婚生活がうまくいっていないカップルに別々に退行催眠をかけた例を報告しています。これによると、夫も妻も、同じアトランティス時代の人生を思い出し、当時、夫は非常に有名な科学者であり、妻は彼のライバルだったと語りました。相手が何を話したのかまったく知らないのに、両人は、驚くほど似通ったアトランティスでの生活を、事細かに話しました[34]。

別々に過去生療法を行った二人が同じような体験を報告した場合、しかもその時の状況、身体描写、名前まで一致した場合、二人は実際にその過去生体験を共有していると考えざるを得ないのではないでしょうか。

つまり、この事例は、過去生療法が想像ではない、という意見を支持する一つの証拠になると思われます。

■何度も出会う魂

過去生療法は、「ソウルメイト」の存在も示唆します。

ソウルメイトとは、生まれ変わりを繰り返す中で、何度も家族や友人、上司と部下など、さまざまな形をとりながら、共に愛を表現すること、愛を受けとること、人を許すこと、助けること、人に奉仕すること等を学びあう存在のことです。

ブライアン博士は、過去生療法で、多くの患者の中間世での体験を聞いてから、ソウルメイトの存在を確信するようになったと述べています。ただし、ソウルメイトはただ、仲の良いという関係ではありません。今世において、最大の成長を与えるために、最も効果的な関係（ライバルや嫁、姑など）としても存在します。それらは、自分で選び出した魂であり、多くの場合、いくつもの過去生で出逢い、さまざまな形でお互いに影響を与え合った魂たちなのです。

特に、核となるグループは、何度も何度も同じ時代に生まれ、共に成長し続ける関係を多く経験します。ただし、その核となるグループ内での人々の関係は変わってゆきます。たとえば、ある過去世では母親と息子と他の転生では兄と弟として生まれたりします。つまり、ソウルメイトとは、多くの人生を共に生き、喜びや悲しみ、成功や失敗、愛や許し、怒りや優しさを体験しながら、終わりのない成長を共に分かち合うという存在なのです[35]。

あなたの目の前にいる父、母、配偶者、子供は、多くの場合ソウルメイトです。これまでに何度も共に切磋琢磨して互いに成長しながら、転生のたびに、成長の階段を一つずつ昇ってきた同志です。

私自身、息子が以前父であり、娘が母であった過去生を体験したとき、感動で涙が溢れました。あなたのそばにいる人が、ずっとずっとともに過ごしてきた人だと思うだけで、私は今まで以上に何倍も大切な存在に思えるようになりました。

(3)催眠状態にある時に、現世の人格が身につけたとは考えられない技能(たとえば外国語を話す)を持っている

過去生療法の真偽を確かめる最後の方法は、被験者の技能を見るものです。もし、被験者が催眠中に、今生で身につけたとは考えられない技能を持っていたとすれば、それは過去生から受け継いだ能力であることを示す有力な証拠だと考えられます。その代表が外国語です。もし被験者が退行催眠中に、今生で身につけたはずのない言語を理解したり使ったりすることができれば、被験者が思い出したのは本物の「過去生の記憶」と考えざるをえないということになります。それを学問的にはxenoglossy、日本語訳で「異言」という言葉を使います。

この報告もいくつか認められています。

◉ホイットン博士の報告

博士は、退行催眠中にソーという名のバイキングとしての過去生を思い出したハロルドというクライアントを報告しています。彼は、退行催眠中、その時に使っていた言語が聞こえ

ると言い始めました。そこでホイットン博士はハロルドが使っている言葉を発音通りに書き留めるように指示すると、ハロルドはこれに応えて22の語句を書きました。それらの語句は博士には理解出来ないものでしたが、後に博士が言語学者に確認したところ、10語は実際にバイキングが使っていた、古ノルド語と呼ばれる言語、残りはロシア語かセルビア語からの派生語であることが確認されています[36]。

◉大門博士の報告

前述した、江戸時代の渋川村で人柱になって死んだタエという少女の前世を思い出した日本人の女性「里沙さん」は、タエ以外に思い出したネパール村のナル村の村長、ラタラージュの過去生で、ネパール語を話し始めています。

この実験は、名古屋市内のクリニックにおいて、被験者、中部大学教育学部教授の大門氏、ネパール語母語話者で朝日大学、大学院生のパウデル・カルパナ氏（女性）など合計7人の監視のもと行われています。

この時、24分間、ネパール語で会話を行っているのですが、そのうち69・2パーセントは会話が成り立っていました。

たとえば、ネパール語でTapaiko nam ke ho？（名前は何ですか）と尋ねられた時に

Mero nam Rataraju.（私の名前はラタラージュです）と答えています。
なお、被験者である里沙さんは、徹底した生育歴や生活環境等の調査がなされましたが、ネパール語を学んだ可能性はないと結論付けられています。（ネパール語の学習歴がないことを記した証言書の作成、ポリグラフテスト［嘘発見器］まで行い、嘘や偽りを言っていないことまで確認しています[37]）
なお、この『ラタラージュの事例』は、2010年8月にフジテレビ系『奇跡体験アンビリバボー』で60分にわたり紹介され、大きな反響を呼びました。

●その他過去生療法が真実である可能性の検証

過去生療法の記録（有効回答数1088）をまとめたヘレン・ウォムバック博士のデータも過去生療法が真実である有力な証拠になります。
(1) 被験者が報告した過去生における男女の性別は、男50・3パーセント、女49・7パーセントとほぼ同数であった。
(2) 被験者の中には、著名な歴史上の人物は一人もなく、彼らの前世のほとんどは、平凡で慎ましく、かなり厳しいものだった。富者と貧者の比率も時代を超えて一貫しており、どの時代においても、富裕層が10パーセントを超えることはなく、中産層（職人や商人）は24～34パーセント、貧困層（貧農、未開民、兵士、奴隷）が60パーセント未満になることはなかった。

(3)　被験者はほぼ欧州系白人であったが、彼らの述べる時代別居住分布の状況は、歴史に記憶されているこの世界の地域別人口密度の推移と正確に一致していた。

(4)　被験者の大多数は、穀物の粥のような風味の乏しい食物や山で採集した根菜類やベリー類、そしてときおり、果物や野菜類を食べていたと報告している。肉を食することは極めて稀で（彼らの話の中に牛肉は西暦1500年までまったく登場してこない）、被験者たちは腐った食べ物を食べていたとも報告している。また、食べ方も、粗雑なスプーンのような器具から3つ又のフォークを経て（西暦1500年頃）、現代の4つ又フォークの登場（1800年頃）に至る、食用器具の進化の歴史を見事に浮き彫りにしてもいる。ただし、被験者たちの大半は、食べ物を手でつかんだりすくったりして食べていたと報告している。

1000を超す前世退行体験からの膨大なデータをまとめたこの結果を踏まえて、ウォムバック博士は、「催眠下での前世想起は、過去の出来事を正確に投影するものであることが、統計学的に証明された」と結論づけています。

以上、退行催眠療法（過去生療法）についての真偽を検討してきました。

私は、これだけの証拠がある今、少なくともこれらの事実を簡単に「幻覚」や「妄想」として否定することはほぼ不可能ではないかと思っています。

第4章

過去生を記憶する子供たち

過去生療法と同じように、生まれ変わりを示唆する研究として、**過去生を記憶する子供たちを調査した研究**があります。これは、自分の過去生のことを事細かに述べる子供たちを調査し、その真偽を確かめるというものです。

その研究の第一人者としてあげられるのが、前述したイアン・スティーブンソン博士です。彼は39歳という若さで、バージニア大学精神科の主任教授に就任した天才精神科医であったのですが、偶然、小泉八雲ことラフカディオ・ハーンによって英語で紹介された日本人の生まれ変わり事例、「勝五郎」の話を読み、生まれ変わり研究に没頭していきます。

●勝五郎物語

江戸時代後期、中野村（現八王子市東中野）に住んでいた、文化三年（１８０６）生まれの少年勝五郎は、８歳の時、自分の「過去生」の話をするようになります。簡単にまとめれば以下のようになります。

⑴　自分はかつて中野村から約一里半（６キロメートル）ほど離れた程久保村（現日野市程久保）の久兵衛とおしつの間に生まれた藤蔵という子供だった。

（2）父親の久兵衛は小さい時に死んでしまったが、その後、半四郎という人が父親となり可愛がられた。
（3）自分（前世の藤蔵）は6歳の時に死んでしまった。

勝五郎の話を聞いた両親は到底信じ難いと思い、そのままにしておいたのですが、勝五郎は添い寝の度に「程久保の両親に逢いたい」と訴えます。そのため、祖母が村の老女の集まりで程久保村の久兵衛の話を持ち出してみたところ、偶然、その村に詳しい女性がいて、勝五郎の語った内容が多くの点で事実と一致すると教えられました。その話を聞いて祖母は、勝五郎を程久保村に連れていくことを決意します。程久保村についた勝五郎は、難なく「過去生」の家を見つけます。そして「以前はあの屋根はなかった。」「あの木もなかった」などと藤蔵の死後変化した点を正確に述べ、さらにそこに住む人々の名前も正確に指摘しました。その勝五郎のあまりに正確な言葉に、程久保の家のものたちは勝五郎を藤蔵の生まれ変わりであると認め、勝五郎の家と半四郎の家は親類の縁結びをすることとなりました[1]。

●スティーブン博士の研究

さて、この過去生を持つ子供たちの発言の真偽を、スティーブン博士の研究データをもとに、過去生療法と同様の方法を使って比較検討していきたいと思います。

(1) 本人しか知り得ない情報を知っている

先ほどの勝五郎の例では、住んでいた村の名前（程久保）、自分の旧名（藤蔵）、父の名前（久兵衛）、母の名前（しづ）、父久兵衛が5歳の時に亡くなったこと、義理の父の名前（半四朗）、前世の死因（疱瘡）、死んだ時の年齢（6歳）、初めて行った程久保村で自分の家への道が分かっていたなど、多数、前世があったと思われる記憶が認められていました。

それ以外の例です。

ボンクチ・プロムシン（タイ）

彼が2歳ごろから語ったことによると、

(1) ファ・タノンという村の出身（現在地より9キロメートルほど離れた村）

(2) チャムラットという前世の人格の名前、チャムラットの両親の名前
(3) ナイフや自転車などかつて自分が持っていた物、家で二頭の牛を飼っていたこと
(4) 最終的に本人は、ファ・タノンで行われた村祭りの日に、ふたりの男に殺された〜犯人たちは本人に数か所の刺傷を負わせたうえ、腕時計と首飾りを奪い、野原に遺体を投げ捨てて逃走した

と語り、ほぼすべて事実であると確認されています[2]。

ナジー・アルダナフ（レバノン）

ごく幼少の時から過去世の話を両親と七人の兄弟姉妹にしていましたが、詳細は割愛し、ここでは懐かしい顔を見分けることができた場面を、抜去しお示ししたいと思います。

「過去は、**ファド**という男性で、生活をしていた。ファドの未亡人が『入口にあるこの門の基礎は誰が作ったの？』と質問すると、ファドは、『ファラージさんちの男の人』と正答した。それからその家に入ると、ナジーはファドが武器をどのように食器棚に隠しておいたかを正確に語った。未亡人が、前世の家で自分が事故に遭ったことがあるかどうか尋ねると、ナジーは、その事故の細部について正しく話した。……その対面に続いてナジーは、ファドの弟シーク・アディープを訪ねた。ナジーは、アディープの姿を見つけると、『弟のアディー

プだ』と言いながら駆け寄った。アディープは、兄だということが分かるはっきりした証拠を見せるよう求めた。するとナジーは、『チェッキ16をあげただろ』と言った。チェッキ16とは、レバノンではあまり見かけない型のチェコスロバキア製の拳銃だ。ファドは、実際にその型の拳銃を弟に与えていた。……次にシーク・アディープは、三人の男性が写っている写真を見せて、誰だと思うかと聞いた。ナジーは、次々と指さしながら、アディープ、ファド、死んだ兄の名前をそれぞれ言い当てた。シーク・アディープはナジーに別の写真を見せた。それについてもナジーは、『父さんだ』と正答した[3]」

その他、同じような症例は、イアン・スティーヴンソンの『前世を記憶する子供たち』、『前世を記憶する子供たち２（ヨーロッパの事例から）』やジム・Ｂ・タッカーの『転生した子供たち〜ヴァージニア大学・40年の「前世」研究』などに多数記載されています。

(2) 複数の人が思い出した前世の記憶が一致する

ジリアン・ポロックとジェニファー・ポロック（一卵性双生児）は、１９５８年10月４日、イングランド最北部のノーサンバーランド州ヘクサムに生まれました。ふたりは、２歳から4歳までの間に、いくつか、過去生の話を行っています。認識できたこととして

・ジョアンナとジャクリーンというふたりの姉妹の名前

・死因～1957年5月5日、発狂した女性が歩道にわざと車を乗り入れ、そこを歩いていたジョアンナとジャクリーン姉妹を一瞬のうちに礫き殺したこと
・その時の年齢～ジョアンナは2歳、ジャクリーンは6歳
・過去生で暮らしていた場所（学校と公園にあるブランコのことなど）[4]を正確に語っています。これ以外にも、複数の人が同じ過去生の記憶を語る例は、いくつか報告されています。

(3) 前世を語る子供たちが、現世の人格が身につけたとは考えられない思考や技能を持っている

まず、認められるのが、理解できない恐怖症です。例えば、過去生の記憶を持つ子供たちにおいて、過去生の人格が溺死していたと語る47例においては、水につかることに対する恐怖症が30例（64パーセント）に見られました。また、過去生で蛇に噛まれて死んだとされる23例中蛇恐怖症は9例（39パーセント）に認められています[5]。

それ以外に、生まれながらに特殊な能力を発揮する例も多く報告されます。世界的音楽家たちもその一例です。ドボルザークの父親は食肉業者、ディーリアスの父親は実業家、メンデルスゾーンの父親は銀行家、ヘンデルの父親は理髪外科医であり、彼らの周りに音楽を行

う環境は全くなかったにもかかわらず、皆世界的な音楽家になりました。

後年目ざましい成果を挙げた人物の中には、子どもの頃、おとなになったら何々をすると宣言している者も多数います。たとえばトロイの遺跡を発掘したハインリッヒ・シュリーマンは、8歳にも満たない頃に、トロイを見つけると公言していましたし、エジプト学の創始者であるジャン＝フランソワ・シャンポリオンも、子ども時代に、この方面に対する関心を表明、後年の回想によれば、エジプトの象形文字を解読しようと決めたのは、まだ12歳にもならない頃であったということです。ミケナイの線文字Bを解読したマイクル・ヴェントリスは、わずか7歳の時に、エジプトの象形文字に関するドイツ語の書物を買って勉強していますし、14歳の時には、当時まだ解読されていなかったこの文字を解読するという誓いを立てています。

また、スティーブンソン博士は、真性異言についても2例報告しています。米国人女性がイェンセンというスウェーデン人男性としての過去生を思い出し、スウェーデン語を話した例、ドロリス・ジェイという米国人女性がグレートヒェンというドイツ人女性の言語を話した例です。どちらの例でも、クライアントは英語しか知らないはずの米人女性です。なお、これらの例も詳細な身辺調査が行われていますが、クライアントがこれらの言語を学んだ可能性はないと判断され、真性異言の2例だと報告されています[6]。

もちろん、このような能力や技能が、過去生で積み重ねた訓練に由来していることを裏付ける証拠は不十分なものでしかないというのは事実です。しかし、これらの事実の解釈においては、過去生から持ち越した技術であり、能力であると考えることが、一番腑に落ちる説明ではないかと私自身は考察しています。

●前世を記憶する子供たちも語る死後の世界

前世を記憶する子供たちも、これまでと同様、中間生の記憶を語ることがあります。ノース・カロライナ州に住むボビー・ホッジという男の子は、「ボビー、あの世って何のこと」と質問した母に対してこのように語っています。

「ぼくが生まれるのを待ってたところだよ。そこにいる人は、病気にならないんだ。ほんとに幸せで、絶対病気にならないんだ。この世でも病気にならなかったらいいのにね[7]」

その他の報告です。

・リー～生まれ変わる決意をした記憶がある。他の存在の協力を得て、この世に戻ってくる決断を下した。
・ウィリアム～死後にどんどん上に昇って行った。天国では、神とも対面し、動物たちの姿も見た。
・サム・テイラー～天国で神と出会った。また、天国でフィル伯父さんに会った。
・パトリック・クリステンソン～「海賊ビリー」という名前の親戚と天国で言葉を交わした8。

●日本での報告

日本においても近年、産婦人科医の池川明医師の著書などにより、過去生の記憶を持つ子供の例が多数報告されるようになっています。池川医師によれば、子供たちの過去生の記憶には、胎内記憶（母の胎内にいたときの記憶～受精から誕生直前の陣痛開始までの記憶）、誕生記憶（生まれてきたときの記憶～陣痛開始から誕生直後までの記憶）、前世記憶（過去に別の人として生きてきた記憶）、中間生記憶（前死と受精までの間の記憶）の4つがあり、一つだけ覚えている子供、複数の記憶がある子供などさまざまな状況があるそうです。

これらの調査において、「**自分が親を選び、そしてこの肉体を選んで生まれてきた**」と表現する場合が非常に多いことが分かっています。さらに、その決定において、お空や雲の上で、助言を与えてくれる「おじいさん」や「とても大きな人」、「神さま」がいたとも報告しています。

これは、過去生療法における中間生でみられたマスターであり、**人は、自分で選んで生まれてくる親と場所を選ぶ**ということに他なりません[9]。また、池川先生が諏訪市と塩尻市の幼稚園、保育園で保護者を対象に行った調査では、自分の子供が胎内記憶について語ったことがあると回答した親が33パーセント、誕生記憶について語ったと回答した親が20・7パーセントにも上っていました[10]。

なお、これらの結果は、国際産婦人科学会（2003年チリ）、赤ちゃん学会（2004年京都）などで学術的に報告され、高い評価を受けています。

ちなみに私には4人の子供がいるのですが、末娘は中間生記憶がありました。そこでは神様と一緒にこれから誕生を迎える光の子供たちのお世話をしていたそうです。

●スピリチュアル的視点

今回死後世界に関しては、スピリチュアル的なものを排除し、できるだけ科学的に、統計学的に検討するとはじめに述べました。

ただ、スピリチュアルの世界を科学的に検討した報告がありますので、ここで報告させていただきます。

死後の世界観に対して、宗教関連書物、民間信仰などを組織的に分析し研究した科学者にクルッコーがいます。彼は、死の際においてみられた特異的な幻覚に関する大量の文献、霊媒が受信した死者からの心霊的交信の多数の報告書など、スピリチュアルの世界において報告されていた多数の記録を調査、検討しました。その結果、体外離脱体験、肉体と魂を結ぶ銀の紐、肉体のない友人の姿をかいま見ること、トンネルを通ること、これまでの生涯の回顧、審判、意識の拡大、など臨死体験者や過去生療法の報告と酷似した死後世界を記録、報告しています。

つまり、医学、科学、スピリチュアルと立場を変えても、死後の世界は共通しており、これまで報告してきた死後世界は非常に真実味があるといえると考えています。

●過去生療法、前世を記憶する子供たちの研究から見る、自殺後の死後の世界

臨死体験において自殺を行った場合、通常の死のルートはたどらず、自殺後は「現生における苦しい状況よりさらに苦しい状況が待っている」ということは述べました。したがって、ここでは視点を変え、自殺という行為が、その後の生まれ変わりにどのような影響を与えるのかを見ていきたいと思います。

過去生療法から考える自殺の問題点

私たちが何度も生まれ変わりを繰り返すのは、自分の果たすべき魂の課題（宿命、課題）に対して愛と学びを実践しながらクリアするためであることはお話ししました。

その視点で考えれば、目の前の困難を自殺という手段で回避しても、その課題は再度、未来生に持ち越されることになるだけです。さらに今世、自殺という手段をとったことで、周りにいる親しい人たちの多くを苦しめたことになりますから、さらに大きな負債（カルマ）を背負い、再度さらに大きなチャレンジをしなければならないことになってしまいます。

それが事実であることは、いくつかの過去生療法から証明されています。

◉うつ病患者の過去生療法においての報告

D：「もし、私が疲れて自殺してしまったら、どうなるのでしょうか？」

C：「次の人生でも、また自殺したくなるほどの苦しみを味わうことになる[11]。」

◉2歳で殺された子供のことを嘆いて自殺した母の過去生

「今、いろいろなことが分かりました。教えてもらいました。本来、自分で人生を終わらせるという選択はないのだそうです。自分で人生を終わらせても、ただ課題を持ち越すことになります。」

さらに、このようなメッセージが続きます。

「人生においては耐える時期がある。死ぬほど苦しくとも、それ自体が人生の学びなのだから早まってはいけない。（自殺は）ただ魂の課題が大きくなるだけであり、無駄なことだ。決められた時間の中で決められた課題をクリアしてから帰ってくることが魂のグループ全体の願いであるから[12]」

過去生を持つ子供たちから見た自殺の問題

スティーブンソン博士は、2000人以上の調査結果において、自殺の前世を記憶していたものは23名であったとしています。4名が銃、2人が警官に追われている最中に自殺、残る17名は、破産や失恋などにより生じた状況が死よりもつらいと思った時に自らの生命を断っていました。そして、このような場合、生まれ変わりのスピードはとても速いようです。

自殺後、しばらく混乱状態に陥り、激しい後悔の念にさいなまれるのですが、やがて自分の犯した罪を理解し、その罪の重さに気づくようになります。そして、すぐに生まれ変わって、過去生で耐えきれなかったことに、もう一度挑戦しようとする傾向にあるようなのです[13]。

ここで述べられていることも過去生療法と同様、自殺しても苦しみは終わらず、苦しみの生ずる場所が変わるにすぎない、自殺で目の前の課題から逃げ出したとしても、再びその課題を果たすために、この地に戻ってくる、ということなのです[14]。

つまり、**自分で計画した、人生という問題集は、どんな理由があったとしても、途中で投げ出すことはできない、仮に投げ出しても、その問題は何度でも私たちの前にさらに大きくなって現れる**、ということがこれらの研究から分かるのです。

神は乗り越えられる試練しか与えない

ただし、そうはいっても、この生を過ごす間に、死にたいくらい苦しい経験はあるでしょう。私自身も本当に苦しかったことは何度もありました。しかし、その時、思い出してほしいことがあります。繰り返しになりますが、マスターから**私たちはその課題を、自分の意志で決めてきたこと、**そしてその課題に関しては、マスターから**あなたたなら必ず乗り越えられる、**と太鼓判を押されて生まれてきたことです。マスターは愛そのものです。マスターはあなたに解けない課題を与える事はありません。

神は乗り越えられる試練しか与えないのです。

私たちの人生には、自分で解ける問題しか、用意されていません。人生で出会う大きな試練は、自分で与え、光（マスター）があなただったら乗り越えられると、太鼓判を押してくれたことです。だからその課題は、手を伸ばせば必ず届く、ちょうど良いレベルの問題ばかりです。したがって、苦しければ苦しいほど、悲しければ悲しいほど、「自分は、これほどの問題を解くことができると光に認められた素晴らしい人間なのだ」と腕まくりし、自殺以外の道で、乗り越える方法を、学びながら、愛しながら探していってほしいと思います。繰り返しになりますが、目の前の課題から自殺という手段で逃げたとしても、その課題はどこかの生で、必ず再度挑戦しなければなりません。

ならば、せっかくここまで頑張ってきたのですから、なんとか今世の人生でこの課題をクリアしてしまいましょう。

「あなたがたのあった試練はみな人の知らないものではありません。神は真実な方ですから、あなたがたを、耐えられないほどの試練に会わせることはなさいません。むしろ、耐えられるように、試練とともに、脱出の道も備えてくださいます（聖書　コリント人への手紙第1　10章13節より）」

●臨死体験研究、過去生療法研究、過去生を記憶する子供たちの研究のまとめ

さて、ここまで、3つの異なる研究を見てきました。これらの研究で共通することは、研究者たちがそれぞれの現象に対して「科学的」に証明しようと試みている点です。

まず科学者たちは、出来るだけ多くの症例を集め、統計学的視点から、答えを求めました。

また、過去生の訴えに対しては直接その場所に赴き、その発言の是非を確認しただけではな

く、歴史的、言語学的な検討まで加え、その証言の正確さを科学的に検討しようと試みました。
その結果です。

(1) 死後の世界は存在する
(2) 死後の世界は地獄などなく、愛と優しさに包まれた素晴らしい場所である
(3) 人は何度も生まれ変わる
(4) 生まれ変わりにおいて「カルマ」という法則が存在する
(5) カルマを解消するために必要なことは「愛すること」と「学ぶこと」
(6) 神は乗り越えられない試練は与えない

以上の6点が共通の答えとして得られています。

これは「火星人がいるのかどうか」という質問に対する答えと同じことだと思います。

現時点では、火星に火星人が住んでいると信じている人は非常に少ないと想像されます。しかし、火星に有人ロケットで行けるようになり、火星から帰ってきた人たちが皆「火星には火星人がいて、地下で文明を持って暮らしていた」と言ったらどうですか。

まだ見たことのない火星であったとしても、行って帰ってきた人が皆「火星人がいた」といえば、真実として受け入れるのではないでしょうか。

この研究も同じです。これだけ多くの人たちが、それぞれ異なる研究にもかかわらず同じ死後の世界を語り、人は生まれ変わっていると表現すれば、同意せざるを得ないのではないでしょうか。

もちろん「私は自分の目で見るまで信じない」というかたもいらっしゃるでしょうし、それも一つの大切な考え方です。ただし、究極、その答えは死ぬまで分かりません。であるなら、いつか死ぬ運命の私たちにとって、死に対して一つの答えを持つことは、死の恐怖をのりこえる保険であり、今回の3つの研究は、その保険として十分信頼すべき答えを与えてくれていると思っています。

第5章

宗教と科学から、死生学を考える

●宗教との異なる死生観

今回の「臨死体験」、「過去生療法」、「過去生を記憶する子供たち」という3つの研究結果をまとめると、死後の世界は存在すること、宗教的地獄は存在しないこと、人は何度も生を繰り返していること、カルマ（因果応報）の法則が存在すること、という事実に到達します。

そうなった場合、問題となるのが自分の信じる宗教における死生観と今回の結論が異なる場合です。

今回の結論は、医学的調査データを基にしたものであり、特定の宗教とは一切かかわりはありません。また、死後の本当の答えも、究極的には私たちが実際に死ぬまで分かりません。なので、宗教的に受け入れられない方に、無理やり承認してもらおう、承認させようなどとは、つゆほども思っておりません。ただ、一つだけ意見を述べさせてもらうなら、現在、私たちの目の前にある宗教は、長い年月をかけて、人の手が何度も入っているものである、という点です。本来、その宗教における神と呼ばれる創始者が述べたものは、長い年月をかけて、時の権力者や指導者の都合の良いように変わってしまっている可能性があります。

今回の死の結論に対して、最も問題になる代表は、キリスト教とイスラム教でしょう。どちらも「終末思想」を前提としており、その終末の「最後の審判」の日に、地上に生きたすべての人間が復活し、神によって生前の行状を審査され、天国行きか地獄行きかを確定されるとし、生まれ変わりという概念は存在しません。

ただし、歴史を紐解いていくと、実はこれらの宗教にも生まれ変わり思想はあったようです。ユダヤ教（キリスト教はもともとユダヤ教の分派）では、ギルガルという生まれ変わりの基本的な考え方が、何千年も前からありました。この考え方は長くユダヤ教の柱の一つでした。1800年から1850年の間に、近代化をはかり、科学志向の西欧社会に受け入れられようとして、東ヨーロッパのユダヤ人たちはこの考え方を捨ててしまいました。しかし生まれ変わりの考え方は、この時まで、つまり約2世紀前までは、ユダヤ教の中心をなしていました。オーソドックス派とチャシディック派の人々の間では、生まれ変わりの思想は今でも生きています。ユダヤの古典、カバラは何千年も前に書かれていますが、あちこちで生まれ変わりに触れています。ここ何世紀かで最も偉大なユダヤ教の学者といわれているモシェ・カイム・ルザト師は、その著作『神の道』の中で、ギルガル（輪廻転生）について、次のように語っています。

「一つの魂は異なった肉体に何回も転生することができる。このようにして、前世でなした過ちを矯正することができる。同様に、前世で達成できなかったことをなし遂げることもできる」』

キリスト教においても旧約聖書にも新約聖書にも、実は輪廻転生のことが書かれていたようです。しかし紀元325年、時のローマ皇帝、コンスタンチン大帝はその母ヘレナとともに、新約聖書の生まれ変わりに関する記述を削除しました。皇帝は生まれ変わりの考え方は、帝国の安定にとって脅威となると考えたのです。なぜなら、もう一度、人生を送るチャンスがあると信じている市民は、人生は1回だけで最後の審判で天国・地獄が決まると信じている人に比べて、従順さに欠け、法を守ろうとしないと思ったからです。

紀元553年にコンスタンチノープルで開催された第二回宗教会議において、この削除が正式に認められ、生まれ変わりの概念は異端であると宣言されました[1]。

人類の救済は生まれ変わりを繰り返すことによって行われるという考え方は、巨大化しつつあった教会の力を弱めるものであり、信者に正しい行動をさせるためには最後の審判という脅しが必要だと考えたのです。

この決定以降、キリスト教では、生まれ変わりは異端として考えられ、根絶やしにされるようになります。例えば、フランス南西部に住むカタリ派キリスト教徒は、12、13世紀に発生した生まれ変わりを信じる団体でしたが、異端として、13世紀半ばに、フランスのルイX世やフランス北部の貴族たちの弾圧により根絶されています[2]。

つまり、キリスト教における生まれ変わりの否定は、神が否定したのではなく人が否定した、と言い換えることができるかもしれません。

ちなみに、生まれ変わりの思想は仏教、ヒンドゥー教など限られた宗教だけではありません。エスキモー、北アメリカ北西部に住む諸部族、西アジアイスラム教シーア派、アフリカにすむ多数の民族、トロブリアンド諸島に住む人々、オーストラリアの原住民、北日本アイヌ民族など、世界中の多くの宗教で存在しています[3]。

そして、これらの地理的状況を考えれば、こうした信仰が人づてに伝承したとは考えにくく、通常はそれぞれの地域で自然発生したと考えるべきでしょう。このように、世界中の多くの宗教の間で、生まれ変わりは一つの真実として長く語られてきた出来事なのです。

なお、私の死生学研究における一つの答えが「生まれ変わりはある」という立場に立っているため、どうしても死生観の異なるキリスト教やイスラム教を、少し批判するような論調になってしまっています。そのため、それらの宗教を信じる方々に非常に不快な思いをさせてしまっていることは本当に申し訳なく思っています。ただ、私自身、どの宗教にも属しておらず、特定の宗教に肩入れすることも、否定する気持ちも全く持っておりません。また、私の最も尊敬する友人はキリスト教徒であり、その人の生き方や祈りから、キリスト教の素晴らしさをいつも感じています。

さらに、ここで述べていることも、宗教学に精通していない私の浅い知識の中で書いたものであり、専門家から見れば、間違いの指摘やご批判もあることも理解しています。その点を心からお詫びしたうえで、宗教への否定ではなく、死生学研究という学問の紹介であるとご理解いただければ幸いです。

●科学という立場であっても

死生学研究においては、現在のところ、残念ながら100パーセント証明することはできません。したがって特に科学者という肩書を持つ方々からは否定的な意見が多いのは事実です。しかし、少しずつですが肯定する意見も見られるようになってきました。

たとえばロバート・アルメダー博士（ジョージア大学教授）は、近年の具体的事例を幅広く分析したうえで、次のように結論づけています。

「この20、30年の間、生まれ変わり、霊姿、憑依、体脱体験、死者からの通信といったものに関する証言が、科学的方法を用いて検討されるようになった。こうした研究の成果は、哲学者の立場から見て印象的なものであり、死後にも何らかのかたちで存在を続けるとする考え方を裏づける、強力な証拠となっている。死後の生命という考え方は、最強の懐疑論の猛襲にも耐えられる、というのが私の結論である。死後には何も残らないと考えるよりは、何らかのかたちの生命が存在すると考える方が、理にかなっているのである[4]」

わが国でも、心理学者である中村雅彦先生（愛媛大学元教授）が、公正な立場から死後研究に対してこのようにコメントしています。

「最初は、トリックやでっちあげを暴いてやろうと思って文献購読を始めたのだが、読めば読むほど厳密な研究の姿勢に感心して、同時に人の心の時空を超えた広がりを実証するのは、こんなにも難しいものかと驚きもした。気がついてみたら、ミイラ取りがミイラになってしまっていたのである[5]」

臨死体験で出てきたエベン博士も、医学、科学と死後の世界の研究についてこのように述べています。（一部要約）

「自分は医師としてこれからも働く。そして科学者としての態度は絶対に崩さない。だが、これからの科学者の立場、あり方を大きく変えるような貢献をしたい。今すでに、兆しは見え始めているが、科学の世界は、今まで考えていたようなものではない。科学は人間が証明できるそんな狭い世界を対象にしているのではない。人間の能力を超える大きな世界が科学の対象である。科学は、エビデンスのみ、実証できることのみに終始するのではなく、今は分からない世界、未知の事象、不思議としか思えない現象、証明できないような世界にも研究を重ねていかなければならない。偏見を持つことなく、あり得ないという前提に立つのではなく、人間の能力を超える現象や、今は把握できないことにも心を開いていく必要がある。切り口を大きく、人間を超える世界があり得るという広い視野を持って、科学の幅を拡げていかなければならない。そしてこの態度こそ、人類に愛と平和をもたらすものである。これが科学の世界に身を置く自分に、臨死体験を通して与えられた使命である[6]」

「否定のための否定」という立場を貫かれる場合は、このような死後研究をいくら述べたところで、意味をなさないでしょう。ただ、各国のまじめな研究者たちの研究成果を、アルメダー博士や中村先生のように先入観を捨ててみていただければ、100パーセント否定することもできないという事実に気が付かれるのではないでしょうか。

また、今回の研究結果は、私たち地球で暮らす人類にとって数々のメリットが存在します。

(1) 今回の研究は、科学的に調査した結果であり、すべての宗教とは一切かかわりを持っていない。したがって、現在世界中で問題になっている宗教的対立を生まない。

(2) 必ず死ぬ私たちにとって、死は恐れる場所ではなく、究極の愛に包まれた場所であるという結論は、生きる上で大きな安心材料となる。

(3) この世に生きるために必要なこと、「愛すること」、「学ぶこと」とされ、それが生き

方の明確な指標になれば、人々は優しさの中で生きることができる

(4) 生まれ変わり、そしてカルマという概念を意識すると、毎日の生活が変わる。いつも笑顔でいること、人にやさしくすること、家族を愛すること、自然環境を守り動物・植物を大切にすること、これらはすべて自分のためであると理解されるため、行動が変容する。それにより、地球が愛で満たされた争いのない星になる可能性がある

このように考えるなら、宗教、科学という分野を超えて、死後研究には、計り知れないメリットがあると考えています。

●日本人は意外にも死後研究に柔軟である

そうはいっても日本では、なぜか、死や、死後世界の話は、タブーだと心配されます。

確かに、日本は信仰とは縁の薄い国です。2006年から2008年にかけて、ギャラップ社が143か国を対象として行った宗教に関する国際調査では、日本は世界で8番目に宗教を重視しない国（宗教を持つ人　25パーセント）としてランクされていました[7]。

しかし一方で、日本は世界33か国における「生まれ変わり」に関する見解調査において、

輪廻転生がある	16～29歳	30～39歳	40～49歳	50～59歳	60歳以上
女	69%	73%	62%	40%	30%
男	52%	37%	37%	38%	20%

（ISSP国際比較調査より）

死後の世界がある	16～29歳	30～39歳	40～49歳	50～59歳	60歳以上
女	65%	71%	60%	42%	34%
男	48%	37%	40%	36%	29%

（ISSP国際比較調査より）[9]

生まれ変わりを信じる人は42・6パーセントと上位8位にランクインされています。つまり、宗教は信じてないけれど、生まれかわりは信じているという不思議な国なのです[8]。

さらに、面白いのが、死後世界や輪廻転生を信じる人の割合は、若者ほど高くなっていることです。（上表）

以上に加え、否定ではなく「分からない」と答えた割合まで考えるなら、半数以上が死後の世界や輪廻転生という概念に対して、否定はしていないということです。

これらを加味すれば、私たち日本人にとって、死後世界の研究、またその研究結果を報告することは、タブーではなく、さらに、死後世界を信じるメリットを考えるなら、今後積極的に発言すべき話題ではないかと考えています。

●死後の世界を信じないデメリット

ここまで、さまざまな事象を、できるだけ客観的な立場でお話してきました。ただし、繰り返しになりますが死後の存在を100パーセント証明することは、今の科学では不可能ですし、この事実こそが、特に医師を含めた科学者たちに、死後世界を信じさせない、決定的な要因となっています。（米国において一般の人が死後の世界を67パーセント信じているのに対して、医師を含めた科学者で信じているのはわずか16パーセント[10]。私が行った調査においても一般の人が76パーセント死後研究を受け入れるのに対して医師は25パーセントしか受け入れませんでした）

しかし、そうであるなら、死ですべて終わる、死後世界は存在しない、という証明も、科学の世界で行うことはできないともいえます。したがって「ある」、「ない」を賛成派と反対派に分かれて、議論し続けても最終的に答えが出ることはありません。

では、ここで少し視点を変えて、死後の世界があることを前提に、私たちに起こるべくデメリットを考えてみたいと思います。

もし、死後世界がない、と考えていたのに、死後世界が存在した場合の問題点です。

これに対して日本の死生学研究の第一人者アルフォンス・デーケンはこのように述べています。

「もし、人が死後の生命の存在を信じているのに、実はそれが存在しなかったとしても、別に損をしたことにはなりません。しかし、死後の生命が存在するにもかかわらず、それを無視して信じなかったために、手に入れそこなったとしたら、もう取り返しがつきません[11]」

17世紀のフランスで、「人は考える葦である」という有名なフレーズを残した科学者であり、宗教思想家でもあるブレーズ・パスカルは、このような主旨のことを述べています。

「『死後に報いがある』と信じる人は、生きているときから、正直な気持ちや、謙虚さ、感謝、親切心を強く抱くようになって、多くのものを得る。だから、もし死後がなかったとしても損はない。反対に『何をしようと死ねば終わり』という人は、見つからなければ大丈夫と考えて、やりたい放題しかねない。その結果、もし死後に望まない報いが生じたらどうするのか」

だからパスカルは、「死後の生命も、報いもある」と捉え、真面目に生きるほうがリスクは少ないと訴えています。

18世紀のドイツの哲学者エマヌエル・カントは「魂の不滅が前提でなければ、無限の進歩はできない。死後の有無は証明できないが、要請される[12]」と記し、「人間は成長し続ける存在だ」と主張しています。

以上を踏まえ、再度考察してみます。

死後の生命や生まれ変わりを信じて生きた場合、もしそれらが事実だったとしたら、死後に愛する故人と再会し、魂の成長を喜び合い、この世での学びについて見直し、またワクワクしながら次の人生に向けて出発することができます。もし死が終わりにすぎなかったとしても、その時に意識はなくなっているわけですから、困ることはありません。

一方、死ねば終わりと信じて、自己の利益のみに終始した場合、死が終わりであれば問題ないですが、もし死後の生命や生まれ変わりが存在したとすれば、準備不足にあわてふためいてしまう可能性があります。また死後の世界を信じ、成長をめざし、また、愛ある生活を試みようと努力することは、「百利あって一害なし（百害あって一利なしの反対）」ではないでしょうか。

実際、大学生・専門学校生820人を対象とした死生観に関するアンケート調査では、死後「何も残らない。肉体と共にすべて滅びる」と考えるグループは、死後「肉体は滅びるが、精神・魂は永続する」と考えるグループよりも人生に関する満足感が低かったそうです。同様に、死後、「姿・かたちを変えて、この世に存続する」と考えるグループは、そう信じないグループより精神的な満足感が高かったと報告されています[13]。

これは、日本だけではありません。世界45か国を対象とした国際社会調査プログラムの宗教意識に関する調査結果においても、死後の世界を信じている人が幸福である割合は、信じていない人の4倍でした[14]。

以上を踏まえるなら、現世に生きる自分自身の幸せのために、死後研究の結果を、一つの考えとして受け取ってもよいのではないかと思っています。

ただし、いろいろ言ってもダメなものはダメ、特に医者（科学者）の受け入れは非常に悪いことは、前述の通りです。

それに対しては、自分が臨死体験者となり、その体験を多くの医師たちに伝えようと試みたエベン医師は次のように述べています。

「臨死体験に接した人々には当然ながら大きく三通りに分けられる。一つは、私のように信じる人々のグループ。自ら臨死体験をしたか、そのような話を受け入れることに抵抗感のない人々である。二つ目は言うまでもないが、頑固に反対するグループ。その他に、両者の中間グループがある。ここには臨死体験という言葉を聞いたことがある、あらゆる種類の人々が含まれる。

さてこのように分類した時、臨死体験、それに伴うあの世、生まれ変わりの話をした場合、臨死体験反対派の人に何を言っても意味をなさないだろう。したがって、臨死体験を含めた生と死の法則を伝えるべき人たちはこの中間グループである。臨死体験者の情報は人生を変えるほどの内容だ。ただし、これを、拒絶派に伝えようとすることは人生を無駄に過ごすようなものだ。したがって、その人たちに理解してもらおうと時間を使う必要はない。中間派の人たちに、素晴らしい生と死をプレゼントするために伝えていけばよいと考えている[15]。」

最後に、カール・ベッカーの、「霊的」なものを忌避しようとする日本の科学者に向けて書いている寄稿文を記載して終わりにしたいと思います。

「日本は不思議な国です。明治以前には『霊』の存在を当然のこととしてきたのに、今ではお盆の『迎え火』など形骸化された風習としては昔の名残があるものの、過去の欧米に追従して、この種の現象を真面目に考えようとしない風潮が、特に科学者の間に強くあります。アメリカでは、否定的なものにしても、最初から一流の研究者が一流の医学雑誌で論じていますし、アメリカ心理学会でも既に1977年から、毎年ではないにせよこの種のシンポジウムが行われております。日本でも、個人的に話した範囲では、ある心身医学の大家をはじめ、臨死体験に関心を示す科学者も少なくないという印象を受けているのですが、なぜ科学の世界でこのような問題が取り上げられないのでしょうか。

現在、この方面の研究が実際に行われているのは、アメリカ以外にも、スウェーデン、イギリス、フランス、イタリアなどがあります。欧米諸国はこの方面で、ある意味ではむしろ昔の日本に近づきつつあるのに、逆に日本は、過去の欧米の水準から一歩も進もうとしないのは、まことに皮肉というほかありません[16]」

第6章
死後研究のメリット

これまで、死後研究におけるさまざまなメリットを述べてきましたが、改めて、私の行った研究調査の結果も踏まえて、死後研究のメリットを考えていきたいと思います。

●メリット1〜死の恐怖が減少する

まず、第一に挙げられるのは、これまでに何度も出てきた「死の恐怖」の減弱です。

人は、未来のことを考えるとき、必ず何らかの不安を感じるようにできています。それは、未来には必ず不確かな状態が混在するからです。特に、「死後」となれば、その未知の大きさに恐れおののくのは、人として理解できる感情だと思います。

ここで、改めて「死の恐怖」とは何かを考えてみます。

古東哲明は、死の恐怖を「肉体の死滅自体への生理的恐怖（死去する際の身体的苦痛など）」と、「自己の存在が消失してしまうことに対する哲学的恐怖（無限にうち続く自己の虚無を思っての恐怖）」としました[1]。

また、アルフォンス・デーケンは、古東の死の恐怖を具体的にする形で以下の7つにまとめています。

①苦痛への恐怖～身体的苦痛などへの恐れ
②孤独への恐怖～人々に見捨てられて、独りぼっちで死を迎えることへの恐れ
③家族や社会の負担になる事への恐れ～「迷惑かけたくない」という思いの強さから、治療費や看病のためにかかる負担などを心配。日本では特にこの傾向が強い
④未知なるものを前にしての不安・怖れ～死んだらどうなるか分からない不安・恐怖
⑤人生を不完全なまま終わることへの不安～「もっとやりたいことがあったのに」と、やり残したまま人生を終えることへの不安・怖れ
⑥自己消滅への不安～死によって自分が「無」になることへの不安・恐怖
⑦死後の審判や罰・報いに関する不安～キリスト教徒ならば最後の審判[2]

しかし、これらの恐怖に対しては、臨死体験や過去生療法、前世を記憶する子供たちの調査が、明確な回答を与えてくれています。

①苦痛への恐怖

死後、魂が体から離れると同時に、痛みは消え、さらに精神的な安らぎが訪れます。また、医学的にも終末期に自然死（食べない、飲めない状態を受け入れ、無駄な点滴や胃ろうなどを行わずそのままゆっくりと脱水に肉体が傾いていく状態）を受け入れると、脳内

では、エンドルフィンなどの快感ホルモンが大量に出て、この世の生がある間も痛みをほとんど感じなくなることも分かっています。したがって、死の直前から死後において痛みの心配は皆無であり、苦痛への心配は必要ありません。

②孤独への恐怖

死後、多くの先だった愛する人たち、また自分を見守ってくれていた守護天使などに迎えられるため、一人になることも孤独を感じることもありません。

③家族や社会の負担になる事への恐れ

家族の負担を恐れる人はとても多いです。ただ、死の恐怖がなくなれば、自分も、そして家族も、通常「命を延ばすだけの治療＝延命治療」を望まなくなります。（詳細は後程）それにより、愛する人たちとの最期を、短くとも充実した時間として過ごす選択枝をとることが増えるため、負担になる時間は少なくなり、この恐れは減少します。

なお、フロイト、ユングと並ぶ近年世界3大心理学者、アルフレッド・アドラーは、「人は、行為だけでなく、存在そのものが人の役に立っている」と述べています。あなたが、生きていること、それだけで、存在価値があります。負担に対して過剰におびえず、愛と感謝をもって笑顔で生き抜いてほしいと願っています。

④未知なるものを前にしての不安・怖れ

死後研究により、もはや死は未知なるものではありません。したがって不安や怖れを感じる必要はもちろんありません。

⑤人生を不完全なまま終わる事への不安

人生は不完全なまま終わりません。命は何度も繰り返され、私たちは常にチャレンジし続けます。又、私たちが培った知識や技術は来世に持ち込されます。

⑥自己消滅への不安

死後、自己が消滅することはありません。魂として永遠に、過去生、今世、そして未来生と生き続けていきます。

⑦死後の審判や罰・報いに関する不安

死後の審判は、たしかに存在します。しかしそれは罰や報いのためではありません。私たちが、今後成長を続けるために、何が必要かを一緒に考えるための時間です。もちろんその結果によって、地獄に行くなどという事もありません[3]。

このように、死後研究の結果は、デーケンが述べた死後の不安のすべてに回答を与えてくれます。

死生学研究が死の恐怖を取り去る証拠

私の死生学研究における、死の恐怖調査です。

質問：「死に対して恐怖を感じますか」

これに対して、マニュアル（今回お示しした死後世界研究をまとめたもの）を読む前（**読前**：つまり死後研究の知識がない状態）と、読んだ後（**読後**：臨死体験や過去生療法など死の知識を得た状態）で、死に対する恐怖（強く感じる・感じる・分からない・ほぼ感じない・全く感じない）の「ほぼ感じない・全く感じない」と選択する人がどれくらい増えたかを調査したものです。

なお、この死に対して恐怖がなくなった人を、死に対しての「**ポジティブ選択者**」と表現し、結果をグラフ表記しています。

以下、今回の検討にあたり行った統計的処理方法です。

(1) 読前→読後のポジティブ変化の割合の差をみることで、マニュアルが死に対して、どの程度ポジティブな変化を与えたのか全体、及びグループごとに計測する

(2) それらの結果に対して母平均の差の検定（対応のある場合）を行う

(3) 5段階評価データとして距離尺度（順序尺度）により評価する。この場合、強く感じる：5点・感じる：4点・分からない：3点・ほぼ感じない：2点・全く感じない：1

ポジティブ選択者

n	有効回答数
平均値	回答データ（5段階評価）の平均値
差	読後から読前を引いた値
P値≦0.01［＊＊］	信頼度99%で比較する2群には有意な差があるといえる
0.01＜P値≦0.05［＊］	信頼度95%で比較する2群には有意な差があるといえる
P値＞0.05［　］	信頼度95%で比較する2群には有意な差があるといえない

死に対して恐怖を感じるか

【読前】死に対する恐怖：読破後のポジティブ選択者の割合

	全体	医師	東洋医学	命のリスク	一般人
	30%	13%	45%	24%	33%

【読後】死に対する恐怖：読破後のポジティブ選択者の割合

	全体	医師	東洋医学	命のリスク	一般人
	60%	25%	65%	57%	76%

【変化】死に対する恐怖：読前→読後のポジティブ変化の割合（読後ー読前）

	全体	医師	東洋医学	命のリスク	一般人
	30%	13%	20%	33%	42%

点として評価する。

(4)　その点数に対して対応のあるt検定（paired t test）を行い、有意差、信頼区間をExcel関数を利用し評価、検討する。

(5)　表記に関してはこのようなルールで行っている。

では、実際の検討結果を見ていきます。

全体的には、読前、死に対して恐怖を「ほぼ感じない」、「全く感じない」とするひと（＝ポジティブ選択者）が30パーセントから、読後には60パーセントになっています。したがって、読後ー読前＝30パーセントが、「死に対する恐怖がなくなった＝死に対してポジティブに考えることが出来るようになった」ということになります。グループごとにみるなら、医師の変化率13パーセントがもっとも少なく、以後東洋医学系（基本鍼灸師）20パーセント、命のリスクのある人（基本癌と診断されている人）33パーセント、一般人42パーセントという結果でした。

なお、P値≦0・05、すなわち「信頼度95パーセントで比較する2群には有意な差がある」、簡単に言えば、統計という数学の中で、変化があったことが間違いないといえる項目の数字は太文字とし、下線で示しました。

これで分かるように死の恐怖の変化率は全体、および個別のすべてのグループで下線がひかれています。これは、すべて、統計学的に間違いなく死後研究の結果は、死の恐怖を減らしたということになります。

以上より、死後研究の結果は、全てのグループにおいて有意に死に対する恐怖を減弱することが出来たという結果を示していることになります。

死に対する具体的な変化の割合

アルフォンス・デーケンが示した死に対する具体的な恐怖における変化も調査しています。

前記の結果から、この死生学研究は、死の個別的恐怖をすべて減らすことができるという

【読前】具体的な死の恐怖：読破後のポジティブ選択者（感じない、ほぼ感じない）の割合

	全体	医師	東洋医学	命のリスク	一般人
苦痛への恐怖～身体的苦痛などへの恐れ	14%	19%	20%	14%	9%
孤独への恐怖～死後一人になることの恐怖	49%	31%	65%	38%	55%
家族や社会の負担になることへの恐れ	26%	25%	20%	14%	36%
死んだらどうなるか分からない不安・恐怖	48%	31%	55%	43%	55%
やりたいことをやり残したまま人生を終える不安・恐れ	34%	31%	40%	33%	33%
死によって自分が「無」になることへの不安・恐怖	56%	44%	55%	57%	61%
死んだ後、裁かれて罰を受ける（地獄に行く）ことへの恐れ	68%	69%	70%	52%	76%

【読後】具体的な死の恐怖：読破後のポジティブ選択者（感じない、ほぼ感じない）の割合

	全体	医師	東洋医学	命のリスク	一般人
苦痛への恐怖～身体的苦痛などへの恐れ	36%	31%	40%	38%	33%
孤独への恐怖～死後一人になることの恐怖	69%	50%	75%	62%	79%
家族や社会の負担になることへの恐れ	44%	25%	40%	38%	61%
死んだらどうなるか分からない不安・恐怖	74%	56%	75%	76%	82%
やりたいことをやり残したまま人生を終える不安・恐れ	66%	44%	80%	62%	70%
死によって自分が「無」になることへの不安・恐怖	79%	69%	85%	81%	79%
死んだ後、裁かれて罰を受ける（地獄に行く）ことへの恐れ	82%	81%	85%	71%	88%

【変化】具体的な死の恐怖：読前→読後のポジティブ変化率
（感じない、ほぼ感じない）（読後ー読前）

	全体	医師	東洋医学	命のリスク	一般人
苦痛への恐怖～身体的苦痛などへの恐れ	**25%**	**12%**	**20%**	**24%**	**24%**
孤独への恐怖～死後一人になることの恐怖	**20%**	19%	10%	**24%**	**24%**
家族や社会の負担になることへの恐れ	**18%**	0%	**20%**	**24%**	**24%**
死んだらどうなるか分からない不安・恐怖	**26%**	25%	**20%**	**33%**	**27%**
やりたいことをやり残したまま人生を終える不安・恐れ	**31%**	13%	**40%**	**29%**	**36%**
死によって自分が「無」になることへの不安・恐怖	**23%**	**25%**	**30%**	**24%**	**18%**
死んだ後、裁かれて罰を受ける（地獄に行く）ことへの恐れ	**14%**	13%	15%	19%	12%

メリットも持つことが分かります。

●メリット2～死にゆく人と残された家族を救う

死生学研究は死にゆく人の望みをかなえてあげることができる

通常、医療現場において、死の恐怖が引き起こす問題が二つあります。

一つは、周りの家族が死を最後まで受け入れない場合です。

死を忌み嫌い続け、直前に迫った死からも目をそらし、最後まで生を応援し続けるのです。

「死ぬなんて考えちゃダメ」

「希望を持たないでどうするの」

「私を残して先に行かないで」

家族は、この大切で親しい人にいつまでも生き続けてほしいと願います。回復して元気に家に戻り、楽しい生活を取り戻したいと切望します。したがって、現在の疾患が治ることはほとんどないであろうと頭では分かっていても、自分の大切な人が死んでいくのだという事実を、心の深いところでは受け入れようとはしません。

もう一つは、死の現実から逃げ出す場合です。もはや励ますこともできないほど日に日に弱っていく友や同僚の姿を見て、何をしてよいか分からず、ただ途方に暮れ、死の恐怖に耐えられなくなって、会いたいけど会えない、お見舞いに行かない、という選択を選んでしまうことです。死を否定し、自分の持つ不安や、親しい人を失う恐れ、あるいは混乱に立ち向かうことを避けようとする態度です。

もちろん、最後まで死と戦う姿勢を頭ごなしに否定しているわけではありませんし、死になれていない人々が、死を恐怖し離れてしまう気持ちも分かります。

ただ、自分が死にゆく立場だったら、と考えてみてください。

例えば癌です。最近は、医療も進み、癌治療の選択肢も増え、完治する癌も増えてきました。が、しかし、一方で今でも癌は死亡率第一位であり、死を感じさせる疾患でもあります。多くの癌患者さんたちと接触していくと、どれだけ家族が死を否定しようが、余命を隠そうが、ほとんどの癌患者さんたちは、自分に迫りくる死を予見していました。

これは、生物としての本能だと思います。象は死を感じると象の墓場に誰に教えられることもなく向かいます。また私の田舎では、犬を放し飼いしていた時代、4匹の犬は皆、自分の死を感じたとき、そのまま私たちの前から姿を消しました。（ただ、一匹、とても甘えん坊のシェットランドシープドッグだけは、1日いなくなったあと、さみしかったのでしょうか、翌日に戻ってきて、３日後、私の手の中で亡くなりました。）

この段階になると、多くの人たちは、死との戦いをあきらめ、死を迎え入れようと準備を行いたいと考え始めます。

その準備は、大体以下の３つに集約されるように思います。

⑴　これまでの自分の人生を振り返り、家族や友人、仲間たちに、自分の言葉で感謝を伝えたい
⑵　自分のやり残したことをできうる限り処理しておきたい…一番多いのは、人間関係の修復。喧嘩別れしてからずっとあっていない息子に会いたい、お金のトラブルであえなくなった友人に謝りたいなど
⑶　身の回りをきれいにし、死後の懸案をなくしておきたい…相続の問題、仕事上のトラブルなど、自分が死んだあと、他人に迷惑をかけないようにしたい
しかし、そのことを話そうとしたとき、家族が、

「死ぬなんて縁起の悪いこと言わないで」

「大丈夫、絶対治るから頑張ろう」

と拒否してしまえば、それらを行うことができなくなってしまいます。

また、最後まで病魔と戦うことも強いられます。死が目前にせまり、体がボロボロになっ

ても、自分の心に嘘をついても、大切な家族の期待に応えるために、「家族が求める姿＝死に抗い続ける自分」という役を演じ続けるのです。

なぜならそれが家族へのせめてものいたわりの表現だと感じるからです。だから、両者が心の中の、真実を隠したまま、一見和やかに見える「見せかけの空間」をつくり続けます。

さらに苦しいのが、死を抱えた自分を人が避けるようになることです。死にゆく人々は、未知の死に対して不安と孤独を抱えています。そのような中、自分の友が、会いに来てくれなくなる、それはどれほど悲しく辛いことでしょうか。

では、私たちは、死にゆく人々のために何をしてあげればよいのでしょうか。

何も特別なことをする必要はありません。死を受け入れ、手を握り、死にゆく人たちと一緒にいる、ただそれだけで良いのです。

私たちにとって、もはや死後の世界は、未知のものでも恐ろしいものでもありません。だから、死にゆく人との時間を共有するだけでよいのです。

そこで無理に死生学の話を言う必要はありません。ただ、もし、死にゆく人が死の不安を口にするなら、死生学研究の話をしてあげてください。

死を受け入れることができれば、本人と家族の間の関係が変わります。このような空間を、死にゆく人々に提供できれば、本当に素晴らしい最期を迎えることが出来ます。

家族が死の事実を受けとめ、心の準備ができている場合、心から正直に話し合い、相互の感情を伝え合うすばらしい雰囲気を生みだすことができます。そして、その間に本人も心から死を迎える準備を実行出来るのです。

どうか、愛する人のために愛する人の死を受け止める勇気をもち、死と向き合ってください。

死後研究は、残された人たちも救う

愛する人の死と直面したとき、残された人々は9段階の悲嘆プロセスを味わうということは88ページに示しました。

しかし、亡くなった愛する人は今、新たな世界で、痛みや苦しみもなく、先立った人たちに守られて幸せに暮している、また、いつでも自分を見守ってくれ、自分が死を迎えたとき、必ず迎えに来てくれる、そう考えられたら、どれだけの救いになるでしょうか。

このように死後研究は、必ず迎える大切な人の死に対する悲嘆から、家族を救い出してくれるのです。

配偶者の死における社会的トラブル

配偶者の死に際して、現実的なトラブルも多数存在します。以下配偶者の死に伴って起こる代表的な問題のリストです。

①経済・法律上の諸点

◆遺言状は書いてありますか（夫、妻とも）
◆家族に知らせていない負債はありませんか
◆自分が突然死んだ場合、仕事上のトラブルはありませんか
◆相続上のトラブルが起きる可能性はありませんか
◆子供の養育費に不安はありませんか
◆お年寄りの世話はだれにお願いしますか

②日常生活での不便

◆預金通帳や鍵のあり場所は分かっていますか
◆税金や保険料、光熱費などの支払い方法は？
◆お互いの交友関係についてどの程度知っていますか
（死亡通知はだれとだれに出すべきか）
◆明日から家事がとどこおりなくできますか
男性の場合～料理、掃除、洗濯の仕方など
女性の場合～住居や電気器具の修理や整備の仕方など

その他～町内会や自治会の連絡、日用品の収納場所など

③健康管理の問題

◆一人になると生活のリズムが狂うので心身の健康を損ね易い

◆燃えつき症候群（バーンアウト・シンドローム）の危険性

（看病や葬儀の疲れで情緒的に精根尽き果ててしまい、生きる気力を失う）

④精神面への対応

◆悲嘆のプロセスへの理解とその十分な消化方法

（悲しみの感情を素直に、また適切に発散させることが必要）

配偶者の死後、生き続ける家族にとってこれらは非常に大切な問題です。実際、配偶者の死後、パソコンのパスワードがわからない、入っていた保険がわからない、などのトラブルは多数あります。死生学研究は、これらの問題点から目をそらさず、きちんと話し合う時間を与えてくれます。

●メリット3～終末期の医療選択の変化

もし「長生きしたいか」と聞かれれば、大多数の人は躊躇なく「はい」と答えるでしょう。
では、「病気で苦しみながらでも、長く生きたいか」と問われたら、どうでしょうか。さらに、「ボケて何も分からない状態になっても」や「重度の要介護状態になり家族に負担をかけても」と条件を変更したらどうですか。

意地悪な質問のように思うかもしれませんが、実はこれは、まぎれもない日本の現状なのです。

健康寿命という言葉はご存知ですか。これは、健康上の問題がない状態で日常生活を送れる期間を表す言葉で、健康寿命が尽きたとき、人は自立して生活できず、介護者の力が必要になると考えます。つまり「平均寿命－健康寿命＝介護が無ければ生きることが困難な期間」ということになります。

では、日本人はいったいどれほどこの期間に差があるのでしょうか。

まず２００１年です。この時の平均寿命と健康寿命の差は男性８・67年、女性12・28年、なんと平均10年以上日本人は自立して生きられないという結果でした。そしてこの現実に直面したとき、出てきた概念が「ピンピンコロリ（ＰＰＫ）」です。寝たきりになりたくない、死ぬ直前まで元気に過ごし、誰にも迷惑をかけずにコロッと死を迎えたいという願望です。因みに、ＰＰＫの反対の言葉は「ＮＮＫ：ネンネンコロリ」といいます。そこから、日本人のＰＰＫへ向けた戦いが始まりました。とにかく死の直前まで元気でいられるようにと、食事に注意し、運動を習慣化させ、たばこをやめ、テレビの健康番組にかじりつき、良いといわれた食品を食べ、医者の言われるように健診をきちんと受け薬を飲みました。その結果どうなったか。そう、日本人の健康寿命は延びました。しかし、残念ながら（？）、同時に平均寿命も伸びてしまったのです。

２０１０年の統計では、平均寿命－健康寿命＝男性９・13年、女性12・68年とさらにその差が広がってしまうという皮肉な結果となってしまいました。

また、認知症も増加の一途です。厚生労働省の２０１５年1月の発表によると、日本の認知症患者数は２０１２年時点で約４６２万人、65歳以上の高齢者の約7人に１人と推計されています。さらに軽度認知障害まで換算すれば高齢者の約4人に1人が認知症あるいはその予備群ということになりました。さらに年齢の上昇に伴いその数はどんどん増え続け、85～89歳で41・４パーセント、90～94歳ではなんと61・０パーセントもの人が認知症となっています。

このような現実を踏まえたとき、健康寿命を延ばすことばかりにフォーカスを当てるだけでは、幸せな晩年は迎えられないことがわかるでしょう。幸せな晩年を迎えるためには、同時にどのような最期を迎えるかの準備も非常に大切になるのです。

実際、死と向き合った場合、人々は以下のような最期を希望します。米国の終末期癌またはＨＩＶ感染症患者、家族、および医療従事者など計１００名に対する面接調査の結果です。「望ましい死」の概念として以下の６項目が抽出されました。

(A)　痛みや症状が緩和されていること
(B)　自分の意思ですべての選択ができること
(C)　自分の死期をあらかじめ知ったうえで、死に対する準備ができること
(D)　自分の人生が完成したと思えること
(E)　他者の役に立つこと
(F)　最期まで人として尊重されること[4]

痛みを好む人は、原則いないでしょう。したがって、(A)は当然の希望であり、また現在、ペインクリニックが非常に進み、痛みのコントロールはほぼ達成されつつあります。これ以外の(B)から(F)はすべて、基本的に、しゃべれて、食べれて、動ける状態であることが条件です。つまり、皆が望む死とは、最期まで自分のことは自分でできる生き方、言い換えるなら、それらが出来ないなら、延命は行いたくない、ということになります。

しかし、これまで日本では、死について語り合うことは、家族間はもちろん、学校やその他社会生活の中でほぼ皆無でした。さらに、特定の宗教を持たない、宗教に触れる機会も乏

しいという環境は、その機会を激減させています。

その結果、本人はもとより、家族、友人、医療者のすべてが「死」をタブー視する環境になるため、死を1日でも延ばすための医療が展開されるのです。

テレビなどで見たことはないでしょうか。気管内挿管され、鼻や胃にチューブが挿入され、手や足や首から点滴が挿入されている末期患者の姿を。まさに現在テクノロジーによって管理された、非人間的な、尊厳の存在しない生だと感じます。

しかし、もしそこに、死後研究の知識があったらどうでしょうか。終末期医療の選択は、大きく変わるのではないでしょうか。

その調査も私は行いました。

質問：終末期における治療選択の調査です。自分が終末期を迎えたとき、どの治療を希望されるか、現時点のお気持ちについてお答えください。（強く希望する：5点・希望する：4点・分からない：3点・希望しない：2点・断固拒否：1点の5つの選択。希望しない・断固拒否と終末期に延命治療を希望しないものをポジティブ選択とする）

なお、「終末期」とは、病気が治る可能性がなく、数週間〜半年程度で死を迎えるだろうと予想される時期と定義し、癌の末期（回復の見込みがほぼない状態）や老衰（いわゆる寿

結果：

【読前】終末期における延命治療の選択：読破前のポジティブ選択者（希望しない、断固拒否）の割合

	全体	医師	東洋医学	命のリスク	一般人
昇圧剤や強心剤を使用する	61%	81%	45%	52%	57%
AEDを使用する	54%	81%	35%	48%	58%
心臓マッサージ	56%	88%	30%	48%	61%
酸素吸入	31%	19%	30%	33%	36%
気管切開	79%	88%	70%	76%	82%
気管内挿管	76%	88%	65%	76%	82%
末梢静脈栄養	47%	19%	55%	43%	58%
中心静脈栄養	71%	81%	70%	52%	79%
鼻チューブ栄養	79%	81%	75%	76%	82%
胃ろう	86%	81%	90%	86%	85%
輸血	52%	69%	30%	48%	61%
人工透析	61%	81%	55%	62%	55%
ご家族に対する延命治療	47%	38%	35%	52%	55%

命）などの場合を考慮しています。

読前の結果の時点で、気管切開の拒絶79パーセント、気管内挿管の拒絶76パーセント、胃ろうの拒絶86パーセント、鼻チューブの拒絶79パーセントと、約80パーセントの人々が、長期的な医療行為、いわゆる「寝たきり」を想定した医療行為は望まないという結果になりました。

これが読後になればさらに割合は大きくなります。昇圧剤やＡＥＤ、心臓マッサージなどの急性期の延命処置に対しても70パーセント以上が拒絶、また、長期的な延命治療の拒絶者はさらに増え、胃ろうに至っては92パーセントもの人が拒絶という結果となっています。

【読後】終末期における延命治療の選択：読破後のポジティブ選択者（希望しない、断固拒否）の割合

	全体	医師	東洋医学	命のリスク	一般人
昇圧剤や強心剤を使用する	74%	81%	65%	62%	82%
AEDを使用する	70%	88%	50%	57%	79%
心臓マッサージ	71%	94%	50%	57%	79%
酸素吸入	49%	38%	45%	48%	58%
気管切開	87%	88%	85%	76%	91%
気管内挿管	88%	94%	85%	76%	91%
末梢静脈栄養	71%	38%	85%	62%	82%
中心静脈栄養	82%	75%	80%	71%	88%
鼻チューブ栄養	89%	88%	85%	86%	91%
胃ろう	92%	88%	100%	86%	94%
輸血	69%	69%	65%	62%	73%
人工透析	73%	81%	60%	67%	79%
ご家族に対する延命治療	58%	38%	60%	48%	43%

【変化】終末期における延命治療の選択：読前→読後のポジティブ変化率（希望しない、断固拒否）（読後ー読前）

	全体	医師	東洋医学	命のリスク	一般人
昇圧剤や強心剤を使用する	13%	0%	20%	10%	25%
AEDを使用する	15%	6%	15%	10%	21%
心臓マッサージ	15%	6%	20%	10%	18%
酸素吸入	18%	19%	15%	14%	21%
気管切開	8%	0%	15%	0%	9%
気管内挿管	12%	6%	20%	0%	90%
末梢静脈栄養	24%	19%	30%	19%	24%
中心静脈栄養	11%	-6%	15%	19%	9%
鼻チューブ栄養	10%	6%	10%	10%	9%
胃ろう	7%	6%	10%	0%	9%
輸血	16%	0%	35%	14%	12%
人工透析	12%	0%	5%	5%	24%
ご家族に対する延命治療	12%	0%	25%	-5%	18%

【読後】末期癌における治療選択：読破後のポジティブ選択者（希望しない、断固拒否）の割合

	全体	医師	東洋医学	命のリスク	一般人
外科的手術	80%	81%	85%	71%	82%
放射線療法	74%	63%	85%	76%	73%
抗がん剤治療	87%	81%	95%	81%	88%

変化率で見た場合、読前からすでに「延命処置を拒絶する」を選んだ人が多いため、小さな変化に留まりましたが、全体としてはすべての項目で有意差をもって減少しました。

ちなみに、末期癌の治療選択においても、読後は、多くの人たちが、拒否という選択を取っていました。

つまり、多くの人々は、終末期の医療現場で見られる延命を目的とした医療を望んでいないということです。そしてまた、死後研究は、現在の医療現場にある、ＱＯＬを無視した延命のためだけの医療に、はっきりと「ＮＯ！」の答えを選択する根拠を与えるということです。

なお、私は、この研究結果は、医師の苦しみも救ってくれるのではないかと思っていました。

というのは、患者の死を恐れるのは、患者、家族だけではないからです。医師もまた、患者の死が恐ろしいのです。心理学者カール・ユングは、人間は死を恐れるからこそ、死をコントロールしようとするといいます。これはまさに、臨終に近い患者に対してあくまでも、生命維持装置を使おうとする、医師の姿勢に反映されています。

しかし、死について、医師が、臨死体験の事実を知り、偏見をなくして受け入れるなら、医療者にも多くのメリットが待っていると思います。

1．死者や死にかけている患者を相手にするときの罪悪感、無力感、霊的または社会的な孤独感を和らげてくれる：患者の命が尽きるとき、医師は強烈な敗北感、そしてそれに伴う罪悪感や無気力感を抱きます。しかし、死生学研究の知識があれば、このような気持ちから多少なりとも救われるのではないでしょうか。

2．患者の死に直面したときに感ずる自責の念や、常に全能でなければならないという意識から、解放してくれる：医者は全能ではありません。しかし多くの患者、そしてその家族は、医師に全能を望みます。そのギャップに医療従事者たちは苦しみ、全能にならねばという幻想を抱いてしまいます。そのために、死という結末を迎えたとき、医師に訪れる自責の念は非常に大きいものがあります。しかし、死に対する捉え方が変われば、全能という幻想、患者の死という自責の念から逃れることができるようになります。

3．「患者の命を長らえさせるためには何でもやる」という考えに固執せずにすむようになる：それにより、患者や家族がどんな治療や看護を必要としているかを考える余裕が生まれ、家族、本人とともに、もっともベストだと思う治療選択が取れるようになります。

4. 医療的に治療方法を見いだせない死期が近い患者から逃げなくなる：医療従事者が自責の念から、また、死と向き合う恐怖から、死期の近い患者の元に向かうことをためらってしまうようになることは決して少なくありません。しかし、死を理解すれば、死について話し合ったり、患者の手を握ったり抱きしめたり、あるいはただそばに座ってあげることができるようになります。それにより、患者、家族に与えられる心の癒しは、非常に大きいものになるはずです。

これにより、終末期における医療行為は大きく変化する可能性があります。

一般に終末期を迎える医療現場は、パターン化した処置が施されることが多いです。食べない、飲まないということが起これば、餓死の予防として、栄養、水分補給が行われます。まずは、直接胃に流動食を送り込む経鼻栄養（チューブを鼻から胃まで挿入し、流動食を流し込む方法）、胃ろう栄養（胃に手術で穴をあけて、そこにチューブを接続し流動食を流し込む方法）です。経鼻栄養は特に手術等がないため、比較的同意されやすい傾向にあります。ただ、鼻からチューブが四六時中入っている違和感は相当なものです。実際、意識があれば必ずこれを引き抜こうとします。これに対して、医療、介護の現場では、ミトンの手袋を装着したり、ひどいときは、手を縛り上げて、抑制する場合もあります。ただし、近年では、患者を抑制する行為が非難されるようになったこともあり、直接胃に栄養剤を注入できる胃瘻が行われることが多くなりました。

社団法人全日本病院協会による2011年の報告では25万6555人が胃瘻患者と推計されています[5]。ただし、実際の人数は、さらに多く、40万人とも60万人ともいわれています。（終末期の人が多く、絶えず流動的であるため正確な数は不明）

ただ、明らかなことは、ここ10年で10倍以上増加していること、胃ろう施行者の8割が、老衰や認知症終末期の患者で、大半が高齢者であるということです[6]。

それ以外の方法として、点滴による水分補給（末梢血管から水分を入れる末梢静脈輸液と、頸の根元の太い血管から心臓の近くまでチューブを入れ、高カロリーの輸液を行う中心静脈栄養の2種類があります。これらの場合も引き抜くことが無いように手をベッドに縛られることがあります）も脱水の際頻繁に行われる医療処置です。

これ以外にも、呼吸状態が悪くなれば酸素投与、さらに悪化すれば気管切開して人工呼吸器に接続する（日本の場合、一度つなぐと、死ぬまで外すことはできません）、腎機能が低下して尿が出なければ利尿剤、さらに悪化すれば人工透析（週3回、1回に4～5時間かけて、腎臓の働きを機械によって行ってもらう治療法。命がなくなる日まで、やめられません）、血圧が下がれば昇圧剤（心臓や血管を無理矢理働かせ、一次的に回避する薬剤）、場合によっては、心臓マッサージ（両手で強く胸の真ん中あたりを圧迫して心臓を動かそうとします。肋骨骨折などの危険があります）が対症的に施されます。

終末期において、そこには、医療としての本来の目標、①回復の見込みがある、②QOLが改善する、という意味合いはなく、ただ死を避けることだけの行為になっています。

これに対して、患者側が明確に「拒否」の意思表示を行う、そしてそれを受け止める医療従事者がいれば、これは大きく変わります。

これまで医師が、

「今、点滴をしなければお父さんは命を失います。点滴をしないのは、お父さんを見殺しにするようなものです」

「胃ろうをしないなら死んでしまいます。餓死させる気ですか」

といっていたのが、

「命のレベルが下がってくると、誰でも自然に食欲がなくなり、飲み込む力が衰え、やがて食べ物を受け付けなくなります。それは生物として自然な現象です。したがって、口から食べる努力をして、あとは、自然に任せて命を見守っていくという方法も、一つの正しい選択です。逆に、ここに医療行為を加えて、水分などを入れると、気管に分泌物が多くなり、頻回の痰吸入など、最後が辛くなることもあります。それを踏まえて、点滴はどうされますか」

「食べられないというのは、老衰の一現象です。したがって、このまま食べられる分だけ口からとり、あとは自然に任せるという方法と、胃に穴をあけ、チューブを通し、そこから栄養剤を入れるという方法があります。胃ろうにより、栄養が入れば、皮膚の色が改善するなどのメリットは確かにあります。しかし、本来なら、寿命として自然に衰弱するはずだったのが、胃ろうがあるために栄養を入れ続けなければならず、食べられない、しゃべれない、動けない状態なまま、命だけが長らえさせられてしまうこともあります。それにより場合によっては寝たきりの影響でできる皮膚の大きな傷（褥瘡）や、関節の硬縮などにも苦しまなければならないなどのデメリットもあります。」

という説明になり、患者側の家族も落ち着いてその選択を考えることができるようになるのです。

現在の医療現場では、家族が死を間近にしたとき、「できるだけ長生きさせてあげたい。だからできるだけのことをしてください」と訴えることは通常よく見られる場面です。しかし、できるだけのことをするとは、前述のすべてをするということです。ゆっくりと死に向かう高齢者を中心とした終末期の人たちが、最後、手を縛られ、気管を切開され、機械につながれ、しゃべることも、食べることも、動くこともできない状態で最期を迎えさせられるのは、本当に望むべきものでしょうか。むしろ、死にゆく人の人権を無視した行為ではないでしょうか。

もちろん、家族が悪いわけではありません。そのセリフは、単に終末期の医療行為に対する無知からきていることが多いからです。しかし、死後研究の普及によって、医療者側、そして患者側が、ただ死を恐れ、避けるのではなく、終末期に行われる医療のメリット、デメリットをきちんと伝える余裕を持ち、場合によって、死後研究の内容を伝えられれば、全く違った終末期の医療現場が誕生すると思っています。

ただ、基本、医療行為に慣れている日本人には、「治療をしない」という選択肢は、医師側にとっても、患者側にとっても抵抗があるかもしれません。しかし、ヨーロッパでは口から食事が出来なくなるほど衰弱した場合、そこに医療行為を介在させず、自然死に任せます。むしろ日本のように、寝たきりで人工的に活かされることは、虐待に当たる場合も存在するくらいです[7]。

世界から見れば、日本の終末期医療のほうが、非常識な行為なのです。

この事実もしっかりと踏まえ、「何が何でも延命」から、「苦しみのない死」という選択枝は、とても意味のあることだと思っています。

◉終末期〜終末期とは以下の三つの条件を満たす場合をいいます。

1. 医師が客観的な情報を基に、治療により病気の回復が期待できないと判断すること。
2. 患者が意識や判断力を失った場合を除き、患者・家族・医師・看護師等の関係者が納得すること。
3. 患者・家族・医師・看護師等の関係者が死を予測し対応を考えること。

つまり、終末期とは、死が約束された状態であり、その期間は約6か月程度、あるいはそれより短いものが想定されています[8]。

●メリット4〜医療費の変化

死を、お金と絡めることに対して、非難されることは承知で考察させてください。

現在、医療費は年々増大し続けています。

厚生労働省のホームページ、「平成24年度国民医療費の概要」によれば、平成24年度の国民医療費は39兆2117億円、前年度より6267億円の増加であり、この数千億から1兆円の増加はここ10年以上続いています。

これに対して財源別国民医療費を見てみます。

財源別にみると、保険料19兆１２０３億円（構成割合48・８パーセント）、患者負担は４兆６６１９億円（同11・９パーセント）、その他（患者負担および原因者負担〈公害健康被害の補償等に関する法律および健康被害救済制度による救済給付金〉）４兆９４５５億円（同12・６パーセント）、合計28兆７２７７億円となっています。しかし、当然ですが、これでは全医療費39兆２１１７億円には遠く及びません。その足りない分は公費、つまり税金が投入されており、その額は15兆１４５９億円（同38・６パーセント：国庫10兆１１３８億円、地方５兆３２１億円）となっています。

このように、日本の医療制度は常に赤字で、税金が投入され続けており、さらに、その額も年々増え続けているのです。（平成23年度の公費負担は14兆８０７９億円に対して、平成24年度の公費負担はプラス３３８０億円の15兆１４５９億円）[9]

これに対して、国に潤沢な財源があればなんら問題はありません。しかし日本は、世界に類を見ない借金大国です。

まず税収に対する国債の割合を見てみます。

２０１４年度財務省発表による一般会計は、歳出95・９兆円に対して税収50兆円、国債（国の借金）41・３兆円となっています。つまり、日本国は１年間の生活費のうち、約半分を借金でまかなっているということになります。そして、これは毎年のことであり、それが積もり積もった結果、国債発行残高をＧＤＰ（国民総生産）比で見ると、ドイツ80パーセント、アメリカ１０８パーセント、国家破産が叫ばれるギリシヤ１６５パーセントに対して、日本は世界一の２３０パーセントとなり、政府債務残高を合計すると、なんと１０８５兆５０７２億円という天文学的数字が借金となって日本にのしかかっています[10]。これは、さまざまなところで国家破産がささやかれるほど膨大な額です。

また、問題は国だけではなく、個人レベルでも見られます。例えば日本の一般的モデル家族（夫40歳：年収４００万円、妻39歳：年収１００万円、子12歳）の国民健康保険額を考えてみましょう[11]。

この一家の場合の保険料は、年間で40万２９３０円となります（基礎医療分、支援金分、40歳以上の介護分の合計）。年収４００万円の手取りは多くて３００万円くらい、妻収入を合わせた約４００万円のうち、10パーセント相当額が国民健康保険でとられることになるのです。そして、この金額は、高齢化社会の進む日本では、これからも上昇が予想されています。厚生労働省の発表では２０４０年度には医療費（介護含）は70兆円に達すると推定されています。そう考えるなら、個人という視点から考えた場合でも、医療費が増え続けることは、大きな負担となるのです。

とすれば、医療においても、限られた資源としての医療費を、どのように効率的に使っていくかを考えなければならない時期は差し迫っているといえます。

その中で終末期における医療費の実際を見てみましょう。田近の報告によれば、65歳以上の高齢者の死亡者のうち死亡当月入院の37名（2003年3月～2008年2月）における1日平均医療費は5万8881円となっています[12]。また、熊川の報告によれば死亡前1年間の1人当たり入院医療費は、全世代平均約267万となっています[13]。

特に、医療において、終末期においてお金がかかるのが、最後の2か月です。この最後の2か月に医療費を大量に投与する意味がどれほどあるのか。

具体的に死直前の最後の2か月の変化を見ていきながら考えていきたいと思います。

終末期2か月の変化

・余命が1～2か月以内

はっきりと体力低下、食欲低下などがみられるようになります。これは、終末期の原因となっている病気が原因で引き起こされるものなので、回復は難しいです。

これくらいの時期になると、好きなことを好きなだけすることは難しくなります。視点を変えれば、この時期が、やりたいことがやれる一般的な最後のチャンスとなります。

・余命が１～３週間以内

歩いたり立ったりが難しくなります。これは比較的急速に来ます。昨日まで歩けていたものが、突然歩けなくなってしまいます。

だるさはかなり強くなり、眠る時間が増えていきます。

実際の現場では「死んでほしくない」といって、ご家族が濃厚な医療を望まれる、又は医療者側が積極的に推し進める場面でもあります。ただし、ここでの医療行為が患者さんのためになることはほとんどありません。

・余命１週間以内

このころになるとだるさがかなり強くなります。患者さんが最後に最も訴えるつらいことは、痛みというよりもだるさであることのほうが多い印象です。ただ、余計な医療を行わず、できるだけ自然な形でこの時間を迎えると、上手に脱水の傾向に傾いていくため、それほど苦しみを感じません。また、場合によっては、うとうとと眠れるような薬（命は縮めません）を使用すれば、それほど苦しさも感じなくなります。

この時期になると、家族の呼びかけに対する反応がにぶくなります。けれども反応は乏しくても患者さんがご家族の存在を感じ取っていたことは、死生学研究からもはっきりしています。したがって、なるべく足を運び、語りかけ、触れてあげてください。

・余命数時間以内

このころになると意識が落ちるので、患者さんにはほとんど苦痛はなくなります。ただ、聴覚は最後まで保たれるといわれています。したがって、反応がなくても最後まで患者さんの傍にいて、声をかけてほしいと思います。

・余命数分以内

あごを下につき出すような荒い呼吸となったあとは、数分～数十分で呼吸停止となり、肉体から魂が抜けでて、光の世界に戻っていきます。

以上の経過から分かるように、死の1～2か月前以降は特に、死にゆく人のために余計なことをせずに、温かく見守ることがとても大切だといえます。

しかし、前述の通り現在の日本の医療では、この2か月に、より集中して医療を投入することが非常に多いです。その結果、誰も幸せにならない医療に大量にお金が投入されるという結果になってしまっています。

もちろん、だからといって医療経費を軽減するために終末期の患者や家族の意思に反して治療を停止すべきだ、と言っている訳ではありません。ただ、実際、「不幸にしてあなたが植物状態になったとき、延命処置を希望するか、あるいは延命処置を行わず成り行きに任せるか」という質問に90パーセント以上が、延命処置を希望しないとしていますし[14]、著者の研究でも、多くの人が延命処置を希望していませんでした。

以上を踏まえれば、死生学研究は、天井知らずで上がり続ける医療費を抑制する可能性がある知識ではないかと思っています。

●メリット5～尊厳死・自然死という選択

世界において、自然死は、当然の最期の迎え方です。

カリフォルニア州では今から40年前の1976年、「自然死法」が制定され、「成人が末期状態になったときに、生命維持装置を中止するか取り外すように、医師に対して文書をもって指示する書面を作成する権利をカリフォルニア州民に認める」としました。この文章がリビング・ウィル（尊厳死の宣言書）と呼ばれるもので、自分が死に直面したとき、どのような死を迎えるかを宣言する文章のことです。1976年に一州から始まったその法制化は、今では、全米で認められる権利になっています[15]。

また、フランスでも同様の法律、「レオネッティ法（Loi Leonetti）」が2005年に制定、施行され、終末期における公的な治療中止を法的に認めています[16]。

これに対して、日本では、法的な制度は存在しないため、仮に、医師側が患者の希望に応じて自然死を遂行した場合、亡くなった後、親族から訴えられる危険を100パーセント避けることはできません。(例えば、自然死の後、脱水があったのに、点滴もせずに死なせた、と訴えられたら、生前の患者の要望であったとしても、医師側が敗訴する可能性がある)。穏やかな最期のための尊厳死という医療者側の配慮は、法という現実によって、その思いを阻まれるのです。

しかし、現実は、多くの日本人が、自然死、尊厳死を望んでいます。厚生労働省における「人生の最終段階に関する意識調査」においては、尊厳死の宣言書を含めた、書面の作成を問う調査においても、69・7パーセントが賛成に対して反対は2・3パーセントでした。つまり、大多数は、自分の死を自分で決めたいと願っていました[17]。また私の行った研究結果は、さらに高い割合でした。

◉尊厳死の宣言書（リビング・ウィル）に関する意識調査

質問：尊厳死の宣言書を法律として認め得る署名運動があった場合、あなたはどうしますか。また自分用の「尊厳死の宣言書」に署名しますか。

（積極的に署名する5点・署名してもよい：4点・分からない：3点・署名しない：2点・

【読破前】尊厳死の宣言書に関する意識調査：読破前のポジティブ選択者（積極的に署名する　署名してもよい）の割合

	全体	医師	東洋医学	命のリスク	一般人
尊厳死の宣誓書を法律として認める署名運動があった場合、あなたはどうしますか	82%	80%	84%	71%	88%
自分用の「尊厳死の宣誓書」に署名しますか	76%	67%	84%	67%	82%

【読破後】尊厳死の宣言書に関する意識調査：読破後のポジティブ選択者（積極的に署名する　署名してもよい）の割合

	全体	医師	東洋医学系治療家	命のリスクがある患者	一般人
尊厳死の宣誓書を法律として認める署名運動があった場合、あなたはどうしますか	94%	81%	100%	95%	94%
自分用の「尊厳死の宣誓書」に署名しますか	91%	69%	100%	90%	94%

【変化】尊厳死の宣言書に関する意識調査：読前→読後のポジティブ変化率（読後ー読前）

	全体	医師	東洋医学	命のリスク	一般人
尊厳死の宣誓書を法律として認める署名運動があった場合、あなたはどうしますか	13%	1%	16%	24%	6%
自分用の「尊厳死の宣誓書」に署名しますか	15%	2%	16%	24%	12%

断固拒否：1点の5つの選択。積極的に署名する・署名してもよいをポジティブ選択とする）

結果

最終的には90パーセント以上の人たちが尊厳死の宣言書を積極的に支持する選択肢をとりました。

医師以外はすべての項目で有意差を認めました。さらに東洋医学系治療家に至っては最終的に100パーセントとすべての人が尊厳死に対して支持するという結果になっています。

でも、なぜこのように、多くの人たちが、尊厳死の権利を肯定的にとらえているのに、日本では、いまだ、尊厳死法が法整備されないのでしょうか。

もちろん、この背景にはいろいろな問題があるのですが、その中に、「死は悪である」という考え方、死の話をタブー視する社会背景があるのは間違いないでしょう。
これが、死後研究により、少しでも変われば、日本でも尊厳死における議論は活発になるのではと思っています。

◉尊厳死の宣言書（リビング・ウィル　Living Will）～日本尊厳死協会より～

私は、私の傷病が不治であり、且つ死が迫っている場合に備えて、私の家族、縁者ならびに私の医療に携わっている方々に次の要望を宣言いたします。
なおこの宣言書は、私の精神が健全な状態にある時に書いたものであります。したがって私の精神が健全な状態にある時に私自身が破棄するか、又は撤回する旨の文書を作成しない限り有効であります。

①　私の傷病が、現在の医学では不治の状態であり、既に死期が迫っていると診断された場合には、死期を引き延すための延命措置は一切おことわりいたします。
②　但し、この場合、私の苦痛を和らげる処置は最大限に実施して下さい。そのため、たとえば、麻薬などの副作用で死ぬ時期が早まったとしても、一向にかまいません。
③　私が数か月以上に渡って、いわゆる植物状態に陥った時は、一切の生命維持措置をと

りやめて下さい。

以上、私の宣言による要望を忠実に果たして下さった方々に深く感謝申し上げるとともに、その方々が私の要望に従って下さった行為一切の責任は私自身にあることを付記いたします。

年　月　日　自署[18]

●メリット6～自殺問題を解決する

先進国トップクラスの自殺国日本ですが、癌医療の現場においても自殺は大きな問題になっています。

スウェーデンで約600万人を対象に15年追跡した調査では、癌以外の人に比べて、癌と診断された人は、診断1週間以内の自殺率は12・6倍、1年以内では3・1倍でした[19]。日本はさらに大きな問題となっています。

国立がんセンターの研究によると、日本人約10万人を20年追跡した結果、癌患者以外の人に比べ、癌告知後1年以内の患者の自殺率はなんと23・9倍にも上昇していました[20]。いかに日本という国が、死に対する教育が乏しいか、また心を支える制度をないがしろにしてきたかが分かる事実です。

これほど大きな問題であるにもかかわらず、交通事故防止のための教育は幼稚園のころから行われているというのに、自殺予防教育はほとんど実施されていません。

これに対して、死後世界の研究は、大きな抑止力になる可能性があります。

臨死体験の研究より、自殺者においては通常の死とは違う経過をたどる可能性が高いことは述べました。

自殺を図る現代人のほとんどは、挫折感、恥辱感、孤独感、無力感に陥って自殺を考えます。しかし、これらのどの感情よりも自殺後に現れる「闇の体験」は、圧倒的に淋しく絶望的です。さらに、自殺という手段で、この世の課題から逃げ出したとしても、それは生まれ変わりの法則で、クリアできるまで、同じ課題（自殺の分だけさらに重くなって）を繰り返さなければならないという事実があります。

この話を、家庭、学校、職場などで行えたら、それだけで、大きな抑止力になるのではないでしょうか。

「自殺するぐらい苦しいことがあっても、自殺したら、今よりも苦しい世界が待っているだけだし、さらに再び生を受け、同じ問題を再度体験しなければならない。そう考えるなら、自殺は自分にとってあまりにももったいない選択だ」そして「自殺」ではなく「逃げる」、「他の人に相談する」など他の選択肢を考えてくれるようになるはずです。

このように、死後研究は、自殺という問題にも大きな救いとなる可能性をもつ学問なのです。

●メリット7〜死後研究は生きる力を私たちに与えてくれる

死後研究は私たちに、どう生きるべきかの指標も与えてくれます。

私たちは死後、マスターたちと、成長のために最も必要な課題は何かということを学び、それを克服するために、自分でその課題を選んで生まれてくることを述べました。つまり、人生とは、魂の成長をもっとも効率よく行うためにマスターの助言をもとに自分自身で計画した、「問題集」と考えることが出来ます。

これが理解できると、私たちの人生の捉え方は全く異なるものになります。

(1) 私たちに乗り越えられない試練は存在しない

私たちは、今回の地球での生において、中間生で学んだことを実践するために、また自分の魂が最も成長できるものをマスターと話し合い生まれてきています。ということは、その課題は、私たちが乗り越えられないものは存在しないことになります。なぜなら、マスターが「あなたなら乗り越えられる」と保証してくれた課題だからです。この事実は、私たちに、困難に立ち向かう大きなパワーを与えてくれます。また、その事実から考えれば、私たちの前の試練が大きければ大きいほど、私たちの魂は、その問題に挑むほど価値のある存在だと、マスターが太鼓判を押してくれたことになります。

あなたがもし、今、非常に困難な壁に挑んでいるとしたら、あなたは、それほど高い壁に挑む価値のあるほど、レベルの高い魂であると言い換えることができるのです。

（2）　責任者は自分

今のあなたの試練は、親が悪いのでも、上司が悪いのでも、友人が悪いのでもありません。全て、自分で選択し、希望した環境です。そう理解できれば、これまで、人を恨み、環境を呪う後ろ向きのネガティブな毎日から、全ての現象を自分自身の責任と考え、それに対して果敢に立ち向かう、ポジティブな毎日へと切り替えることができるようになります。

（3）　人生は思い通りにならないからこそ価値がある

試練こそ自分にとっての課題であり、その課題を乗り越えた先に、必ず私たちの成長があります。とすれば、人生を生きていくうえで、こう言えます。

「人生は、思い通りにならないからこそ、価値がある」

裕福な家庭、尊敬すべき両親、仲の良い兄弟、素敵な配偶者、自慢の子供たちに囲まれ、何の不安も不満もない人生は、現世では「とても幸せな人」といえるかもしれません。しかし「魂の成長」という視点で見れば、成長の乏しい環境ということになります。

逆に、不自由な体を持って生まれてくる、貧乏な環境で育つ、両親が早くに亡くなるなど、過酷な人生、思い通りにならない人生の学びは、私たちの魂に非常に高い成長を与えてくれます。

この世は効率よく魂を磨く訓練所です。ここには「宿命」や「人生の壁」など私たちに最も適した魂を磨くためのカリキュラムが用意され、それを越えたとき、魂の大いなる成長がみられます。

私はとても未熟で、今世の宿題に何度も負けそうになることがあります。でも、その時に、私は、両足を踏ん張り、腰に手を当て、そして空を見上げてこのように叫びます。


「人生は、思い通りにならないからこそ、価値がある」

「神は乗り越えられる試練しか与えない」


お互い、地球での暮らしにおいて、苦しいこと、神を恨みたくなるようなことなどもあるでしょう。しかし、その時こそ、腕まくりして、自分の課題（宿命）を、愛しながら、学びながら、楽しみながらクリアしていこうではありませんか。

以上、死後研究のメリットをお話してきました。

死後研究から得られる知識は、死だけでなく、生についても多くのことを、生きる指針として与えてくれます。

自分を愛し、他人も愛す。自分を許し、他人も許す。そしてどんな宿命であっても、精いっぱい楽しみながら成長する。それが私たちに与えられた、どう生きるべきかのメッセージなのです。

第7章
苦しみの答え

初めに、私が医師になり、患者さんたちからさまざまな困難な質問をされたと書きました。死生学研究を終えた今、改めて、その答えを考えてみたいと思います。

2人の幼子（4歳、2歳）と妻を残して、余命3か月と宣告された癌患者

「先生、なぜ私なのでしょうか。これから、家族で幸せになるときに、なぜ私がこんな小さな子供たちと妻を残して癌で死ななければならないのでしょうか。先生、死ぬのが怖いです。助けてください。助けてください。」


この時の恐怖は二つ、一つは死の恐怖、もう一つは、残される家族の心配です。

これに対して、今なら私は、死後の世界がいかに素晴らしいかをお話ししてあげることができます。

そして、もう一つ、子供たちを含め家族は全く心配ないことも断言できます。なぜなら、子供たちは、この父を自分で選んで生まれてきたからです。

今回、子供たちは、短い時間、父の愛をいっぱいに受けたうえで、その父との思い出と愛情をもって、その後の人生を母とともに生きていくことを決めて生まれてきています。そして、それこそがこの子たちの魂が最も成長する環境だといえます。

実際に、お父さんが早く亡くなった経験を持つ過去生療法では、このような言葉が出ています。（過去生療法で父の魂を呼びだして）

D「なぜ、お父さんは早く死んだの？」

C「××歳で死ぬように、自分で決めていたからだよ。生まれる前に、家族みんなで決めていたんだ」

D「若くして死んだことを、後悔してない？」

C「いや、予定通りの死だったのだから、ぜんぜん後悔していないよ」

D　お父さんの意識に聞いてください。「なんで、早くに死んじゃったの？」

C「あの時が、死ぬべき時だったからだよ。あの時に、お父さんの役目が終わったからなんだ。最初から、この物質世界に、長くいるつもりはなかったんだよ。お父さんは、お前を一人前に育てるのが役目だったから、それが終わって、安心して、光の世界に戻っていったんだよ[1]」

このように、父が早く死ぬことも予定通りなのです。

つまり、この患者さんに対して、死生学研究では、

(1)　死は全く恐ろしい場所ではないこと

(2) 子供たちは、自分たちの意志で、あなたを父として生まれてきたこと
(3) あなたが仮に、癌という病に命を奪われたとしても、残された子供たちは不憫でも何でもなく、その課題に対して、魂を燃やして最高の成長をしていくこと、
という3つのアドバイスをしてあげることができるのです。

交通事故で、一生涯目を覚ますことがないと宣告された子供

「なぜ、みんなに愛されているこの子が死ななければならないのですか？　なぜ、この子なのでしょうか？」

「どうしてこんなに幼くてかわいい子供たちが死ななくてはならないのか？」

死生学から考えれば、答えは非常にシンプルです。

「彼らは学ぶべきことをごく短期間で身につけたから」

です。

生きることが善であり、死ぬことが悪であるのなら、子供が死ぬということは、不幸でしかないでしょう。神も仏もないのかと恨みたくもなります。しかし、生きること、死ぬことに善悪はありません。生と死はつながっており、そこにあるのは魂の成長だけです。死生学

で考えるなら、90年生きることが、1日しか生きられないことより素晴らしいということは全くありません。時間の問題はさほど重要ではないのです。時間は、人が作り出した人工的概念であり、学ぶべきことが何かは人それぞれ違います。

E・キュブラー・ロスはこのような言葉を残しています。

「ほんの短いあいだだけ咲く花もあります。春がきたことを知らせ、希望があることを知らせる花だから、みんなから大切にされ、愛される花です。そして、その花は枯れます。でもその花は、やらなければならないことを、ちゃんとやり終えたのです」

ただ、親にとって子供が自分より先に死ぬことほど苦しいことはありません。どのような話をされようが、そこにある悲しみは、深く苦しいものです。子供を亡くした親の苦しみは、何年たっても続いていくのです。

でも、今なら、死生学研究をもとに、少しだけ、本当に少しだけですがその苦しみを楽にできるかもしれません。

(1)　子供さんの今いる場所は、愛と慈悲に包まれた場所であり、愛いっぱいの魂たちと何不自由なく暮らせていること

(2)　そこは、この世より、はるかに幸せな場所であること

(3) 死は決して永遠の別れではなく、いつかこの世を去ったときに、必ず再会することができること

(4) その子が望んでいることはたった一つだけ、大好きなお父さん、お母さん、兄弟たち、家族皆が笑顔であること

(5) だからこそ、死んだあと子供に胸を張って会えるように、笑顔一杯、愛一杯の毎日を送ってほしいこと

どうかどうか、残された家族に、少しでも笑顔が戻ることを祈っています。

なお、早く子供がなくなることの質問に対する過去生療法時のマスターのコメントです。

「ほんのしばらくの間しか、この世にいることができない魂もたくさんいます。生まれてから数時間とか数日間しか生きられない人たちです。そういう魂も、みんなと同じように、大いに喜んで生まれてきます。自分たちにも、為すべき目的のあることが分かっているためです。その人たちには、それ以上この世で生きながらえて成長する必要がありません。自分たちの死が、両親の成長を早める材料になっているからです。この世の悲しみは確かにつらいですが、それはすぐに過ぎ去るのです[2]」

また、苦しみに対して、このような答えもあります。

D：今回の私の人生の目的は、何でしょうか？
C：愛……愛を知るために、苦しむこと……
D：私はこんなに苦しんでいるのに、いったいどうすればいいのでしょうか
C：乗り越えなさい
D：私に乗り越えられますか
C：乗り越えなければならない
D：この、愛を知るための苦しみは、私が生まれる前に、自分自身で計画したことなのでしょうか
C：もちろん
D：それでは、私は自分で、その答えを知っているのでしょうか
C：知っている[3]

出会いがあれば別れがあります。生まれれば死ぬというのが自然界のサイクルです。

別れは辛い。かかわりが深ければ深いほど、辛さは大きいものです。でも、私たちはそういう感情を体験するために、体を持って生まれてきました。

どうか、少しずつ、本当に少しずつでよいので、亡くなった人を心配させないように、亡

くなった人たちに、中間生において笑顔で会えるように、前を向いて歩んでいってほしいと願っています。

ちなみに、この子は、残念ながら20××年、亡くなりました。亡くなった時間は、AM3：00過ぎ、お母さんの胸の中で亡くなりました。私も主治医として立ち会ったのですが、亡くなる瞬間、その子の目からすーっと一筋の涙が流れました。と同時に、その子の周りが光り輝いたのです。

今思えば、あの涙は母に対する感謝の涙であり、周囲の明るさは、天から、多くの人たちがお迎えに来た瞬間だったのだろうと思っています。

95歳、挿入された胃ろうにおける家族からの質問

「先生、父は胃ろうを入れたことは失敗だったのでしょうか。父は生前から、苦しまず死にたいと申しておりましたのに、それと反対のことをさせてしまいました。これなら早く死なせてあげたほうがよかったでしょうか。」

この状況において、考え方や家族の思いは色々あるため、一概に、どちらが良いのか答え

が出せません。ただ、問題なのは、本人の意思に反している選択であるということです。

これは、この例だけではない。誰にでも、どの家族にも起こりえる問題です。

したがって、前述したように、今、元気なうちに、家族とともに自分の死に方を話し合っておいてほしいのです。そして家族でどのように死を迎えるかの共通認識をもち、できれば尊厳死の宣言書を記載するまでやっておいてほしいと思います。残念ながら、日本ではまだ、宣言書に法的な拘束力はありませんが、ここまで準備していれば十分考慮される可能性があります。

今の日本においては、どれだけ望んでも、自分の望んだ死が迎えられる保証はありません。だからこそ、やれることはすべてやりきって、なんとか、自分の望む死を手に入れてほしいと願っています。

障害児を持つ母の苦悩の言葉

「先生、私、この子が生まれてこなければよかったのに、と思うことがあります。ふとそう考える自分に直面した時、自分が本当に嫌になります。こんな母親は、死んだら地獄に落ちますね。」

私たちは、なぜ地球に何度も生まれ変わっているのか、それは、「愛すること」に挑戦するためでした。そう考えた場合、その愛の対象は、他人だけでなく自分も含まれます。自分自身を愛せない人は、他人を愛することはできません。

その、自分を愛することに挑戦するための手段の一つが、「病気になる」、「大けがをする」、そして「ハンディキャップ（障害）を持つ」という、自分が宿っている肉体に機能的な試練を与えることです。肉体的な機能の一部に何らかの試練を与えることにより、「そのような肉体を持って生活する不完全な自分を愛せるか」という自己愛にとって最高難度の問題に直面することができます。

また、ハンディキャップが重ければ重いほど、愛の行為を行うことが出来ず、他人からの愛を受けることだけしかできません。そして、これこそ、死生学研究においては地球における最後の、最大難易度の課題と認識されています。つまりハンディキャップとは、この地球という物質世界の学びにおける「卒業論文」であり、「最も過酷な試練」であり、「この地上において最も神に近い魂の挑戦する課題」ということになるのです。

時折、重い病気やハンディキャップを持っている人から、「私は前世で悪いことをしたのか」と質問されることがありますが、「それは間違っています」と、明確に答えることができます。確かに、人生には「因果関係の法則」が存在しますが、過去の人生における言動が、自動的に今回の人生での境遇を決定しているわけではありません。過去の人生における言動は、今回の人生を計画する参考資料ではありますが、あくまでも自分の意志で、「どのような試練を選んで成長したいか」という観点から、人生計画を立てるのです。

したがって、どのような境遇で生きている人も、必ず自分の意志で選んで計画してきたのであり、光（マスターたち）から、強制的・自動的に押し付けられるわけではありません。そのような意味で、病気やハンディキャップを持ちながら生きる人は、決して罪深い人やかわいそうな人ではなく、自分の意志で大きな成長を望んで生まれてきた、たいへん勇気ある、素晴らしい挑戦者なのです。

このような人間観をもとにして、現在、欧米では、このような勇気ある人々を「病人」や「障害者」と呼ぶのは止めて、「チャレンジャー」（挑戦者）と呼ぶ習慣が広がりつつあるそうです。この言葉には、「それほどの高度な試練に果敢に挑戦している、素晴らしい魂を持つ人々」という、尊敬の念が込められているのです。

以上より病気や障害などのハンディキャップを持つ人は、「かわいそうな人」「不運な人」ではなく、「もっとも高度な学びを積んできた人」「もっとも光に近い人」となるのです。

アメリカ代替医療協会会長のウィリストン博士は、何千人もの証言をもとに、次のように断言しています。

「遺伝的な要因も、両親を選ぶ際の重要な目安となる。たとえば、長身の遺伝子をもつ体に生まれたいか、あるいは、茶色の目の遺伝子がいいか。それとも、がっしりした体つきの遺伝子がいいか、華奢に生まれたいか。高度な頭脳の持ち主になりたいのか、それとも知的なハンディキャップ（障害）を持つ人として生きてみたいか。丈夫で健康な体が欲しいか、あるいはハンディキャップを持って生まれたいか。すべての因子をよく考慮したうえで、すべてを自分の意思で選択する。誰かから押しつけられたものは、何一つないのである[4]」

以上を踏まえれば、このお母さんに、三つの言葉をかけてあげることができます。

(1) この子は今、地球上でもっとも尊い魂を持つ、神に近い存在であること

(2) その神に最も近いこの子から、母として選ばれたお母さんもまた、レベルの高い魂であること

(3) この子とともに、地球での生を終えたとき、大きな成長は間違いないこと

この物質世界で、障害を持ったお子さんを育てることは、本当に、本当に苦しく、つらい日々だと思います。でも、それでも、そのお母さんが、死生学を通じて少しでも楽になってくれたらと願っています。

最後に、E・キュブラー・ロスの著書の中に出てくる、死生学研究の知識がある障害児の

母が

「なぜ、あなたの子供は障害を持っていると思うか?」

と問われたときに答えた返答をお示しします。なおこの母は、この質問に対して「娘の思いを代弁する詩」という形で答えています。

「お母様っていったいなんだろう? 特別な存在だってことは分かる。私の誕生を何か月も心待ちにしてくれたんですもの。初めての子供にはいろいろと夢があったでしょう。お母様の妹のように賢い子で、学校へ上がって、大学にも行って、結婚するのを見たかったことでしょう。でもわたしはどうだった? 両親はわたしを生んでよかったのかしら? 神様はわたしに別の意味を与えてくださったのよ。わたしはわたしですもの。……わたしはずっと神様の子なの。わたしは幸せよ、みんなのこと愛してるし、みんなもわたしを愛してくれているもの。わたしが話せる言葉はあまりないわ。でもちゃんと気持ちが伝わるし、優しい思いや温かさ、やわらかさ、愛情も分かるの。……わたしはとっても幸せだし、すてきな友達にも愛されているの。これ以上何を望むことがあるのかしら? あら、もちろんわたしは大学にも行けないし、お嫁にもいけない。でも悲しまないで。神様はわたしを特別にしてくれたんですもの。人を傷つけることはないの。わたしはただ愛するだけ。きっと神様は、愛するだけの子供が必要だったのね。……あなた(お母様)はとてもやわらかくて温かくて、愛を与えてくれる、でも、それよりもあなたの目の中には何か特別なものがある。……世間でいう成功することはないだろうけど、ほとんどの人が出来ないことをやってみせるわ。わたしが知っているのは愛と善と無垢だから、永遠の世界は私たちのもの、分かち合うことができるものなのよ、ねっ、お母様[5]」

この世でもっとも魂のレベルの高いチャレンジャーたちを、皆で応援できる地球になればと心から祈っています。

うつ病で苦しむ大学生の女の子

「先生、苦しい。死にたいです。自殺してはいけませんか」

自殺については、「絶対にいけないことだ」と死生学研究からははっきり明言することができます。

人生が、マスターの助言の元、自分で選んだ最高の問題集だとすれば、どのような人生であっても、生きていること自体に価値があります。価値のない人生など、計画するはずがないからです。その価値を無視して自殺を選んだとしたら、また自殺したくなるような同じ状況を自分に与えて生まれるだけです。さらに因果応報の法則により、自分の自殺により傷ついた人たちの苦しみまで未来生で背負わなければなりません。今、ここで命を絶つことは、まさに自分の魂にとって「もったいない、絶対やめたほうが良い」ことになるのです。だから、「自殺は自分のために絶対してはならない」と断言することができます。

なお、すでに自殺してしまった人が家族にいる場合は、「大いに反省すれば、暗闇の世界から、新しい生をやり直すことができます」ということも伝える必要があると思っています。

最後に

医師になって十数年の月日が流れました。

うれしいこと、感動することがたくさんあった一方で、本当に苦しいことも多い時間でした。

自分を信じて来院してくれたのに、治してあげられなかった患者さん。

死という結果を迎えさせてしまった患者さん。

なぜ、娘を助けてくれなかったんだと涙と恨みで苦しませてしまった患者の家族。


この、生と死の狭間で、苦しみにあえいでいた時出会ったのが、死生学研究でした。


「人生は思い通りにならないからこそ価値がある」

「神は乗り越えられる試練しか与えない」

この研究は、私に「生きる力」を与えてくれました。

「死後、全ての痛みや苦しみから解放される」

「死後、先だった愛する人たちや守護天使が迎えに来てくれる」

「死後に出会う光は、完全な愛そのものである」

この研究は、私から死の恐怖も取り去ってくれました。

生きる力、そして死ぬ力をも与えてくれた死生学研究、この研究をぜひ一人でも多くの人にお伝えしたい、その思いで書いたのが本書です。

どうか、愛いっぱいの、命いっぱいの生を、笑顔いっぱいの、感謝いっぱいの死を迎えてください。

皆さんの今回の地球の旅が、最高の形で終わりますように心から祈り、ここで筆をおきたいと思います。

本当にありがとうございました。

中間生でもまた、笑顔でお会いしましょうね。

参考文献

第一章　死生学研究の扉

1　厚生労働省『平成26年人口動態統計月報年計（概数）の概況）　http://www.mhlw.go.jp/toukei/saikin/hw/jinkou/geppo/nengai14/index.html（参照2016/5/11）
2　CNN English Express『スティーブ・ジョブズ伝説のスピーチ&プレゼン』朝日出版社　2012
3　Rollo, May.〝Love and Will〟W W Norton 1969　小野泰博訳『愛と意志』誠信書房　1972年
第四章冒頭
4　K. E. Vail,〝When Death is Good for Life: Considering the Positive Trajectories of Terror Management.〟2012
5　Elisabeth,Kubler - Ross.〝DEATH THE FINAL STAGE OF GROWTH〟Simon & Schuster/Touchstone 1974
鈴木晶訳『死、それは成長の最終段階』中公文庫　2001　pp11-12
6　小学館『スーパーニッポニカ―日本大百科全書＋国語大辞典』小学館　1998年
7　朝日新聞社『朝日新聞データ年鑑 ジャパン・アルマナック2006』朝日新聞社　2005年　pp247
8　猪俣宏『死の博学辞典』ＰＨＰ文庫　2012　pp136-138
9　参考文献8　pp148-151

10　参考文献8　pp141-147
11　参考文献8　pp168-171
12　Moody, R, A., Jr., "Reflections on Life After Life" Sobel Weber Association, 1977　駒谷昭子訳『続　かいまみた死後の世界』評論社　1986　pp113
13　カール・ベッカー『正常と異常、生と死の境界線を考える』精神医学史研究　2010; 14-2　pp69
14　萩原優『医師が行う「ガンの催眠療法」CDブック』マキノ出版　2011　pp93
15　石川勇一『「前世療法」の臨床心理学的検証』日本トランスパーソナル心理学/精神医学会誌 vol.5, No.1, Sep. 2004　pp66-76

第2章　臨死体験

1　Pim van Lommel, et al. "Near-death experience in survivors of cardiac arrest: a　prospective study in the Netherlands" The Lancet 2001 pp358
2　Sam Parnia "A qualitative and quantitative study of the incidence, features andaetiology of near death experiences in cardiac arrest survivors" Resuscitation 2001 pp48
3　Sam Parnia. "Results of world's largest Near Death Experiences study published," [http://www.southampton.ac.uk/news/2014/10/07-worlds-largest-near-death-experiences-study.page#.VD0JtfmsWiq] 2014;(2015/10/26 access)

4 カール・ベッカー『正常と異常、生と死の境界線を考える』精神医学史研究 2010; 14-2 pp21
5 D. E. Mills〝A Collection of Tales from Uji〟Cambridge University Press, 1970, pp12-13（Ⅲ）、pp1（Ⅵ）、pp4（Ⅶ）
6 重松久明『往生伝の研究』名古屋大学文学部研究論叢 1960 第23巻
7 カール・ベッカー『死の体験』法蔵館 1992 pp184
8 Kenneth Ring〝Life at Death ~ A Scientific investigation of the near-death experience〟Coward & McCann, 1980 中村定訳『いまわのきわに見る死の世界』講談社 1981
9 Michael B.Sabom, M. D.〝Recollections of Death〟Harper & Row, 1982 笠原敏雄訳『「あの世」からの帰還』日本教文社、1986
10 Jeffrey Long〝Evidence of the Afterlife〟HarperCollins e-books, 2009 河村めぐみ訳『臨死体験 9つの証拠』ブックマン社 2014
11 Janice Miner Holden〝The Handbook of Near-Death Experiences: Thirty Years of Investigation〟Praeger Pub 2009
12 Penny Sartori〝The Near-Death Experiences of Hospitalized Intensive Care Patients: A Five Year Clinical Study〟Edwin Mellen Pr 2008
13 立花隆『臨死体験（下）』文春文庫 2000 pp246-270
14 Kenneth Ring, Sharon Cooper〝Mindsight: Near-Death and Out-of-Body Experiences in the Blind〟Iuniverse Inc 1999

15　参考文献9　pp365
16　Moody, R, A., Jr., 〝Life After Life〟Mockingbird Books 1975　中山善之訳『かいまみた死後の世界』評論社　1977　pp40
17　Cherie Sutherland 〝Life After Near-Death Experiences〟1992　野田佳子・林弘子訳　『光の中に再び生まれて～臨死体験から学ぶ人生の意味』　人文書院　1999　pp20
18　Elisabeth Kubler-Ross 〝The Wheel of Life: A Memory of Living and Dying〟Scribner　N.Y. 1997
上野圭一訳　『人生は廻る輪のように』　角川文庫　2003　pp337-338
19　Oyama T, Jin T, Yamaya R 〝Profound analgesic effects of beta-endorphin in man〟Lancet　Jan 19; 1(8160) 1980　pp122-124
20　参考文献16　pp75
21　参考文献18　pp338-40
22　Kelly EW 〝Near-death experiences with reports of meeting deceased people〟　Death Stud 2001 Apr-May;25(3) pp229-49
23　Karlis Osis, Erlendur Haraldsson. 〝AT THE HOUR OF DEATH〟Hastings House　1987
笠原敏雄訳　『人は死ぬとき何を見るのか～臨死体験１０００人の証言』　日本教文社　1991　pp6-7
24　参考文献23　pp98
25　参考文献23　pp109-110

26　参考文献23　pp137
27　Elisabeth Kubler-Ross〝ON LIFE AFTER DEATH〟Celestial Arts　1991
伊藤ちぐさ訳　『死後の真実』　日本教文社　1995　pp59-60
28　参考文献27　pp62
29　参考文献27　pp98
30　Melvin Morse〝Parting Visions〟Tuttle-Mori Agency 1994
池田真紀子訳『死にゆく者たちからのメッセージ』同朋舎出版　1995　pp44
31　Gleely,A.M.〝Sociology of the Paranormal A Reconnaissance.〟Sage Plication　1975 pp34
32　George Gallup. Jr〝Adventures in Immortality〟McGraw-Hill 1982
丹波哲郎訳　『死後の世界』　三笠書房　1985　pp39
33　Haraldsson,E.,et al.〝National Survey of Psychical Experiences and Attitudes Towards the Paranormal in Iceland.〟Research in Parapsychology　Scarecrow Press 1977
34　Gleely,A.M.〝Sociology of the Paranormal A Reconnaissance〟Sage Plication　1975
35　Rees, W. H.〝The Hallucinations of Widowhood〟Britisb Medical Journal 4 1971　pp37-41
36　D. K. Reynolds et al,〝Widows View Death: A Brief Research Note〟Omega: The Journal of Death and Dying 5, 1974 pp187-92
37　J. Yamamoto et al.,〝Mourning in Japan.〟American Journal of Psychiatry 125, 1969　pp1660-65
38　参考文献16　pp44

39　参考文献18　pp340-41
40　参考文献16　pp79
41　R. A. mcfarland 〝The Psychological Effects of Oxygen Deprivation (Anoxaemia) on Human Behavior〟 Arch Psychol (Columbia University) 145, 1932
42　立花隆　『臨死体験（上）』　文春文庫　2000　pp178
43　Janice Miner Holden et al 〝The Handbook of Near-Death Experiences: Thirty Years of Investigation〟 Praeger Pub　2009
44　参考文献8　pp105-107
45　参考文献8　pp107
46　参考文献9　pp78-82
47　Siegel, Ronald K. 〝The psychology of life after death〟 American Psychologist 35, 1980　pp911-31
48　Moody, R, A., Jr., 〝Reflections on Life After Life〟 Sobel Weber Association, 1977.
駒谷昭子訳　『続　かいまみた死後の世界』　評論社 1986 pp34
49　参考文献9　pp61
50　鈴木秀子　『死にゆく者からの言葉』　文春文庫　1996　pp10-13
51　飯田史彦　『ツインソウル〜死にゆく私が体験した奇跡』　ＰＨＰ文庫　2010 pp108-111,147-149,207-208

52　参考文献18
53　Greyson B,〝Consistency of near-death experience accounts over two decades: are reports embellished over time?〟Resuscitation 2007 Jun, 73(3) pp407-11
54　van Lommel P, van Wees R, Meyers V, Elfferich I〝Near-death experience in survivors of cardiac arrest: a prospective study in the Netherlands〟Lancet. 2001 Dec 15;358(9298) pp2039-45
55　Janice Miner Holden, Bruce Greyson, Debbie James〝The Handbook of Near-Death Experiences: Thirty Years of Investigation 2nd Printing〟Praeger, 2009 pp92-93
56　Anita Moorjani〝DYING TO BE ME〟Hay House 2012
奥野節子訳『喜びから人生を生きる〜臨死体験が教えてくれたこと』　ナチュラルスピリット　2013
57　参考文献30　pp128
58　Melvin Morse〝Transformed by the light〟Piatkus Books 1993
木原悦子訳『臨死からの帰還　死後の世界を体験した４００人の証言』　徳間書店　１９９３
59　参考文献16　pp131-32
60　参考文献23　pp249-50
61　立花隆『臨死体験（上）』　文春文庫、2000　pp87-89
62　Angie Fenimore〝Beyond the Darkness〟Bantam Books 1995
宮内もと子訳『臨死体験で見た地獄の情景』　同朋舎出版　1995 pp131-41
63　参考文献16　pp223-24

64 参考文献8　pp152-53
65 Rosen DH. 〝Suicide survivors. A follow-up study of persons who survived jumping from the Golden Gate and San Francisco-Oakland Bay Bridges〟West J Med. 1975 Apr; 122(4)　pp289-94
66 Greyson B 〝Near-Death Experiences and Anti-suicidal Attitudes〟Omega26 : 1993 pp81-89
67 Pederson, Andreas M. 〝Epidemiological differences between white & nonwhite suicide attempters〟Am J Psychiatry, 130, 1973 pp1091-96
68 警視庁『参考図表 平成 27 年3月 12 日内閣府自殺対策推進室警察庁生活安全局生活安全企画課』http://www.npa.go.jp/safetylife/seianki/jisatsu/H26/H26_jisatunojoukyou_03.pdf（参照 2015/9/1/）
69 厚生労働省『自殺未遂者・自殺者親族等のケアに関する検討会　平成20年3月』http://www.mhlw.go.jp/bunya/shougaihoken/jisatsu/dl/01.pdf（参照 2015/9/1）
70 参考文献62　pp142-66
71 参考文献8　pp163-66
72 参考文献16　pp108
73 Spindrift Research. 〝Exploring consciousness and prayer with scientific〟Spindrift Research˙ http://www.spindriftresearch.org/　（参照 2017/5/11）
74 参考文献9　pp371
75 参考文献17　pp106

76 参考文献17 pp168
77 参考文献17 pp98-99
78 参考文献9 pp226-27
79 参考文献17 pp101
80 参考文献9 pp208
81 アルフォンス・デーケン『死とどう向き合うか』NHK出版 1996 pp37-46
82 参考文献17 pp108
83 参考文献9 pp231-32
84 参考文献9 pp33-35
85 石井登『臨死体験研究読本～脳内幻覚説を徹底検証』アルファポリス 2002 pp227
86 Jean-Jacques Charbonier, 〝LES 7 BONNES RAISONS de croire a` l'au-dela`〟 Guy Tredaniel editeur, 2012 石田ゆみ訳『あの世が存在する7つの理由』サンマーク出版 2013 pp24-25
87 Eadie, B. J. 〝Embranced by the Light〟 Baror International, 1992 鈴木秀子訳『死んで私が体験したこと』同朋者出版、1995 pp109
88 参考文献10 pp247-51
89 参考文献17 pp161-93
90 Kenneth Ring. 〝HEADING TOWARD OMEGA ～ In Search of the Meaning of the Near-Death Experience〟 Bill Adler Books, 1984 丹波哲郎訳『霊界探訪』三笠出版 1986

91　Melvin Morse & Paul Perry. 〝Transformed by the Light〟 Sobel Weber Associates, 1992 木原悦子訳『臨死からの帰還～死後の世界を体験した４００人の証言』　徳間書店　1993 pp262
92　参考文献91　pp225-26
93　参考文献48

第３章　過去生療法

1　Weiss, B. L., 〝Many Lives, Many Masters〟, UNI Agency, 1988 山川紘矢・亜希子訳　『前世療法』　ＰＨＰ研究所　1991 pp24-25
2　Williston, G & ohstone, J., 〝Discovering Your Past Lives〟, Harper Collins Publishers, 1988　飯田史彦訳　『生きる意味の探求』　徳間書店　1999 pp29-30
3　参考文献１　pp26-28
4　Weiss, B. L., 〝Through Time into Healing〟, UNI Agency, 1992 山川紘矢・亜希子訳　『前世療法２』　ＰＨＰ研究所　1993 pp30
5　参考文献２　pp64
6　参考文献２　pp261-62
7　参考文献４　pp45
8　飯田史彦　『決定版　生きがいの創造』　ＰＨＰ研究所　2006 pp57

9 参考文献2 pp158
10 Whitton, J. L. & Fisher, J. 〝Life between Life〟Dell Publishing Group, 1986
片桐すみ子訳『輪廻転生～驚くべき現在の神話』 人文書院 1989 pp152
11 参考文献2 pp171
12 参考文献10 pp62
13 参考文献10 pp63
14 参考文献10 pp 129-31
15 参考文献1 pp 202-03
16 井出敏郎『ブッダの死生学講座』 アスペクト 2012
17 参考文献10 pp60-64
18 Brion L. Weiss, M.D. 〝Messages from the Masters〟Tuttle-Mori Agency, 2000
山川紘矢・亜希子訳『魂の療法』 PHP研究所 2001 pp 334-35
19 Andy Andrews, 〝The Butterfly Effect〟Discover, 2011
20 Jack Canfield, 〝Chicken soup for the soul〟ダイヤモンド社 1995
21 参考文献1 pp43-46
22 参考文献1 pp53-56
23 今西まゆみ『過去生退行催眠療法の症例分析と展望』 催眠と科学 17巻1号 2002 pp58
24 参考文献8 pp159

25　参考文献10　pp65
26　参考文献10　pp67
27　参考文献10　pp75
28　参考文献10　pp78
29　参考文献８　pp148-49
30　OHKADO masayuki, INAGAKI katsumi, 〝On Xenoglossy Occurring in Hypnosis and What It Suggests〟, Journal of International Society of Life Information Science, Vol.28, No.1, March 2010 pp128-33
31　大門正幸　『スピリチュアリティの研究～異言の分析を通して～』　風媒社　2011 pp52-54
32　参考文献２　pp100-01
33　Brion L. Weiss, M.D. 〝Only Love Is Real：Story of Soulmates Reunited〟, Tuttle-Mori Agency, 1996 山川紘矢・亜希子訳　『魂の伴侶』　ＰＨＰ研究所　1996
34　参考文献２　pp101-02
35　参考文献１及び参考文献４
36　参考文献10　pp211-14
37　OHKADO masayuki, INAGAKI katsumi, 〝On Xenoglossy Occurring in Hypnosis and What It Suggests〟, Journal of International Society of Life Information Science, Vol.28, No.1, March 2010 pp128-33

第4章　過去生を記憶する子供たち

1　大門正幸『「生まれ変わり」事例としての「勝五郎再生記聞」』貿易風—中部大学国際関係学部論集　第六号　2011 pp1-7
2　Ian Stevenson, 〝Children Who Remenber Previous Lives〟, The University Press of Virginia, 1987
笠原敏雄訳『前世を記憶する子供たち』日本教文社　1990 pp113-16
3　Jim B. Tucker, M.D. 〝Life Before Life〟, St. Martin’s Press, 2005
笠原敏雄訳『転生した子どもたち〜ヴァージニア大学・40年の「前世」研究』日本教文社　2006 pp173-77
4　参考文献2　pp117-20
5　参考文献2　pp276
6　Ian Stevenson, 〝EUROPIAN CASES OF THE REINCARNATION TYPE〟, McFarland & Company, 2003
笠原敏雄訳『前世を記憶する子供たち2』日本教文社　2005 pp106
7　参考文献3　pp196
8　参考文献3　pp202-03

9　池川明　『この大転換時代に今の子供たちは天から何を思って生まれてくるのか～体内記憶から推定されること～』サトルエネルギー学会誌通巻30号　2013 pp3-8
10　Ikegawa Akira, 〝Investigation by questionnaire regarding fetal/infant memory in the womb and/or at birth,〟Journal of Prenatal and Perinatal Psychology and Health, 20(2) pp121-33
11　飯田史彦・奥田輝実　『生きがいの催眠療法』　ＰＨＰ研究所　2000 pp284
12　中野日出美　『137 回の前世を持つ少女』　総合法令出版株式会社　2011 pp111-15
13　Gloria Chadwick. 〝Discovering Your Past Lives〟, Harper Collins Publishers, 1988
飯田史彦訳　『生きる意味の探求』　徳間書店　1999 pp140-41
14　参考文献２　pp325

第５章　宗教と科学から、死生学を考える

1　Weiss, B, L., 〝Many Lives, Many Masters〟, UNI Agency, 1988 山川紘矢・亜希子訳　『前世療法』　ＰＨＰ研究所　1991 pp31
2　Belciff, J. 〝Is normal memory a paranormal phenomenon?〟, Theoria to Theory 14, 1980 pp141-62
3　Alcus, W.D. 〝Birth order and its sequelae〟, Science 151, 1966 pp44-49
4　Almeder, R. 〝Beyond Death〟, UNI Agency, 1992　笠原敏雄訳　『死後の生命』　ＴＢＳブリタニカ，

1992 pp7-8
5 中村雅彦『臨死体験の世界』二見書房、1991 pp309
6 Proof of Heaven: A Neurosurgeon、s Journey into the Afterlife〃, The Ross Yoon Agency, 2013
白川貴子訳『プルーフ・オブ・ヘヴン』早川書房 2013
7 Steve Crabtree and Brett Pelham, 〝What Alabamians and Iranians Have in Common: A global perspective on Americans、religiosity offers a few surprises ,〃 Gallup World, February 9, 2009
8 大門正幸『ネパールで輪廻転生を考える』ARENA2011 vol 11, pp416-419
9 西久美子『宗教的なものにひかれる日本人～ＩＳＳＰ国際比較調査から～』放送研究と調査 2009 pp66-81
10 Gallup, G. Jr. 〝Adventures in immortality〃. McGraw-Hill, 1982
11 アルフォンス・デーケン『よく生きよく笑いよき死と出会う』新潮社 2003
12 カント『実践理性批判』岩波文庫 1979
13 中村雅彦・井上実穂『死生観が心理的幸福感に及ぼす影響』愛媛大学教育学部紀要 第Ⅰ部教育科学 第47巻2号 pp59-97
14 Ohkado Masayuki, 〝Spirituality and the Level of Happiness,〃 Journal of International Society of Life Information Science 30(1), 2008 pp84-87
15 参考文献6 pp178-79
16 マイケル・B・セイボム『「あの世」からの帰還』日本教文社 2005 pp3

第6章　死後研究のメリット

1　古東哲明　『死と他界～熊野純彦・下田正弘編「死生学(2)死と他界が照らす生」』　東京大学出版 2008 pp47-66

2　Deeken A. 〝An inquiry about clinical death-considering spiritual pain〟，　Keio J Med. 2009 Jun;58(2). Pp110-19

3　Deeken A. 〝An inquiry about clinical death--considering spiritual pain.〟Keio J Med. 2009 Jun;58(2):110-9

4　Steinhauser K. et al. 〝In Search of a Good Death: Observations of Patients, Families, and Providers,〟Ann Intern Med, 2000;132(10) pp825-32

5　社団法人全日本病院協会　『胃瘻造設高齢者の実態把握及び介護施設・住宅における管理等のあり方の調査研究 報告書』　2011 pp9-10

6　長尾和宏　『胃ろうという選択、しない選択』　セブン&アイ出版　2012 pp47-48

7　田中奈保美　『枯れるように死にたい』　新潮文庫　2014 pp187-89

8　全日本病院協会『終末期医療に関するガイドライン～よりよい終末期を迎えるために～平成21年5月　社団法人 全日本病院協会終末期医療に関するガイドライン策定検討会』http://www.ajha.or.jp/topics/info/pdf/2009/090618.pdf　(参照 2015/9/1)

9　厚生労働省ホームページ　『平成24年度国民医療費の概要』　http://www.mhlw.go.jp/toukei/saikin/hw/k-iryohi/12/　（参照 2016/1/11日）

10　財務省ホームページ　『一般会計税収、歳出総額及び公債発行額の推移』　https://www.mof.go.jp/tax_policy/summary/condition/003.htm　（参照 2016/1/11）

11　国民健康保険ホームページ　『国保の計算方法』　http://5kuho.com/html/keisan.html　（参照 2016/1/11）

12　田近栄治　『死亡前12ヵ月の高齢者の医療と介護　利用の実態と医療から介護への代替の可能性』　社会保障研究 47（3）　2011 pp304-19

13　熊川寿郎　『東京都老人医療センターにおける終末医療費の解析』　日本老年医学会雑誌　37（5）　2000 pp400

14　橋本肇　『高齢者医療の倫理~高齢者にどこまで医療は必要か』　中央法規出版

15　田中奈保美　『枯れるように死にたい』　新潮文庫　2014　pp244-45

16　松田晋哉　『フランスにおける終末期ケアの現状と課題』　海外社会保障研究 168　2009　pp25-35

17　吉澤明孝　『在宅医がプロデュース　家族と楽しく過ごす最後』　TMDC MATE No293　2016 pp4-7

18　日本尊厳死協会ホームページ　http://www.songenshi-kyokai.com/living_will.html　（２０１６年1月18日閲覧）

19　Fang F, et al.　〝Suicide and cardiovascular death after a cancer diagnosis.〟 N Englza J Med.

2012; 366 pp1310-18
20 Yamauchi T, et al. 〝Death by suicide and other externally caused injures following a cancer diagnosis: the Japan Public Health Center-based prospective study.〟Psycho oncology. 2014; 23 pp1034-41

第7章　苦しみの答え

1 飯田史彦『決定版生きがいの創造』ＰＨＰ研究所　2006　pp157
2 Eadie, B, J, 〝Embraced by the Light〟, Baror International, 1992
鈴木秀子訳『死んで私が体験したこと』同朋舎出版　1995　pp143
3 飯田史彦・奥山輝実『生きがいの催眠療法』ＰＨＰ出版　2000　pp217
4 Williston, G. & J, Discovering Your Past Lives, Harper Colins Publishers, 1998 pp210 P608
5 Elisabeth Kubler-Ross 〝ON LIFE AFTER DEATH〟Celestial Arts　1991
伊藤ちぐさ訳『死後の真実』日本教文社　1995

【著者紹介】
加藤　直哉（かとう　なおや）

2000 年　琉球大学医学部卒業
2006 年　日本小児科学会専門医
2006 年　日本東洋医学会漢方専門医（久留米大学名誉教授無敵剛介医師に師事）
2006 年～ 2009 年 山元病院にて山元式新頭鍼療法（以下 YNSA）の創始者である山元敏勝医師から学ぶ
2009 年より健康増進クリニック勤務
2013 年 YNSA 学会副会長就任

所属団体・学会
山元式新頭鍼療法学会（副会長）　日本東洋医学会（漢方専門医）
日本小児科学会（専門医）　米国催眠士協会（認定セラピスト）
ケアワークモデル研究会
学位
Ph.D in Social Sciences(Azteca University)
Ph.D in Social Sciences(Nicaragua University)
Ph.D in Philosophy(I.O.U)

人は死んだらどうなるのか
死を学べば生き方が変わる

2019 年　10 月　29 日　第 1 版第 1 刷発行
2021 年　3 月　6 日　第 1 版第 2 刷発行
2024 年　5 月　27 日　第 1 版第 3 刷発行

著者　加藤直哉

発行者　高橋　考
発行所　三和書籍

〒 112-0013　東京都文京区音羽 2-2-2
TEL 03-5395-4630　FAX 03-5395-4632
info@sanwa-co.com
http://www.sanwa-co.com

印刷所／製本　中央精版印刷株式会社

ISBN978-4-86251-392-2 C0010

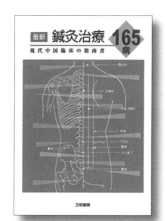

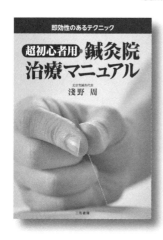